U0135350

轻松
读懂大学

刘青松　著

东北大学出版社

·沈　阳·

Ⓒ 刘青松 2023

图书在版编目（CIP）数据

轻松读懂大学 / 刘青松著. —沈阳：东北大学出版社，
2023. 10
ISBN 978-7-5517-3364-9

Ⅰ．①轻… Ⅱ．①刘… Ⅲ．①大学生－入学教
育 Ⅳ．①G645.5

中国国家版本馆 CIP 数据核字（2023）第 194625 号

出 版 者：东北大学出版社
地址：沈阳市和平区文化路三号巷 11 号
邮编：110819
电话：024-83680181（编辑部） 83680267（社务部）
传真：024-83680181（编辑部） 83680180（市场部）
网址：http://www.neupress.com
E-mail: neuph@neupress.com
印 刷 者：辽宁一诺广告印务有限公司
发 行 者：东北大学出版社
幅面尺寸：160 mm×230 mm
印 张：13
字 数：190千字
出版时间：2023年10月第1版
印刷时间：2023年10月第1次印刷
策划编辑：向 阳
责任编辑：潘佳宁 曲 直
责任校对：郎 坤
封面设计：琥珀视觉 潘正一
责任出版：初 茗

ISBN 978-7-5517-3364-9 定 价：65.00 元

前言

Preface

从1989年高考至今，路漫漫其修远。

经过三十几年，我从一名高中生，成长为南方科技大学海洋科学与工程系的一名教授。回首人生旅程，我清晰地体会到，高中和大学只是这个过程的特殊片段。

大学不是学习生涯的终点，而是人生追求的一个新起点。

读高中时，看到电视上大学生们热情洋溢地辩论，我羡慕他们满腹经纶，充满朝气。对那时的我而言，大学是"象牙塔"，是"天之骄子"学习的地方。今天，"天之骄子"这个词已经基本退出历史舞台，这证明了中国教育体系的巨大进步。

那时，我们的学业也很繁重，压力与憧憬和现今的高中生无异。同学们的大学梦都很美好，但对大学缺乏了解，大学专业背景知识的信息更是匮乏。高考过后，同学们对大学的认知懵懵懂懂。大家选择大学的过程就像坐过山车，上午还在钟情南方的大学，下午就又改到了北方。专业选择更是"上天入地"，有一定的随机性。现今，科技时代和信息时代来临，高中生有了更多的机会和途径了解大学，甚至可以直接到大学里面短暂体验，对大学的认知加深了很多。

但是，什么是大学？

目前，从高中生到大学生，从家长到大学老师，大部分人都能给出自己的部分看法，感觉有些熟悉，但是又有面纱遮面的朦胧感。现在的高中生，甚至一部分大学生，对大学依旧迷惘，专业选择缺乏目标。对于青年人，为了美好梦想，除了要埋头苦读，刻苦用功，还需要思考未来，加强大学和中学的贯通认知。对于学生家长，随着社会飞速发展，大学的教育理念和管理模式早已发生重大变化。对于高校教师，尤其是刚入职的青年教师，很多对大学也充满困惑。如何有效地发展自己，快速地融入大学的环境，是一个现实问题。通过加深对大学的理解，可以解决青年教师的这些难题。这涉及大学的运转模式、教师在高校的发展途径、大学文化、创建课题组的创新模式，以及构建社会服务等。

如果我们缺乏对大学的系统认知，就无法体会大学的精髓，也就不能充分利用其优势资源。目前，教育专家对大学已经有了深入描述，著作更是汗牛充栋。但是，对于高教领域之外的人来说，不容易直接领悟这些专著里的精髓。

一本好书，一本充满感情的书，可以拓宽我们的视野，提升我们思考的维度，帮助我们预判未来的行程。因此，我们需要一本有趣的书，通过它，可以快速、深入地解读大学的内涵与内部运转模式，为同学们和青年教师们解惑，完成中学与大学理念之间的衔接，做到与大学之间的共情，为展开自己的羽翼做好充分的准备。

作为理工科教授，我能否以自己的视角来理解大学？

通过结合自己的教学科研实践，用较为科普的方式，我能否写一本自己心目中有关大学的书？

这个想法具有很大的挑战性！

但是，我也有自己的优势。从理工科教授的视角，我对大学有自己的解读和思维方式。在教书育人、科研创新以及管理服务方面，我也有综合经验。因此，我可以从学生、教师以及管理者不同层面来剖析大学的内涵。我的写作初衷非常质朴，"一箭双雕"，我与读者，就像两条不同的轨迹，在理解大学这个点上交汇。

这不是一本用高深的高等教育理论来考究大学的书，而是一本用浸润式的经历来体会大学的书。作为一个平台，希望这本书可以吸引不同人群的目光，思想汇聚于此，相互交融，产生共鸣。

大学何去何从？

通过这本书，首先我想让大家了解大学的来龙去脉。大学从最初的简单形式逐渐演化到今天的复杂形式，经历了多次改革。毋庸置疑，每次改革都有其深刻的历史原因，都凝聚了当时教育学者的思维精华。进入21世纪，信息时代来临，教学方式与思路也正在悄然发生变化。

大学如何运转？

通过这本书，我想让大家了解大学的内部治理结构。大学的基本人群包括学生、教师与支撑群体。现代大学业务繁多，机构细化，有学者甚至用公司来比喻大学的运转模式。但是，大学毕竟不是公司，这造成了大学内部特有的一种模式——在人文情怀与现实理想之间徘徊。从某种程度上来说，大学治理难于公司治理。尤其对于刚入职的青年教师，希望这本书及时引导其思考模式，加深其对大学的认知，及早定位。对于家长而言，希望通过这本书，可以全方位理解高中与大学之间为什么不同。

大学如何度过？

通过这本书，我还想谈一谈同学们为什么会在大学遇到思想难题，为什么无法快速融入大学生活，为什么无法充分利用大学的丰富资源。虽然我不能给出完美答案，但至少可为同学们铺设一条思考之路，或者打开一扇大学的窗，一眼望去，大学好精彩！

求学之路漫长，

成才之路悠远，

成功之路绵延。

世界上没有唾手可得的成就，每一串晶莹的葡萄背后都需长时间的悉心栽培。在这个路程中，我们走好每一段，在每一个驿站劳逸结合，让学习工作与生活平衡，为下一站积蓄力量。只专注于学习和工作的人，可能缺乏深入思考。

人类文明非常伟大。面对滚滚而来的未来，此刻的每一秒，我们都走在人类文明的最前端，进行着最伟大的人类文明探索，每一个人也因此天生都肩负着人类文明发展的历史重任。面对高科技时代，准确把握时代，和时代共鸣，这需要方向和阅历。

埋头做事，抬头看路。

希望这本书能帮你找到思考大学之路。

我先在前面的驿站等你。

刘青松

2023年6月5日

目录
CONTENTS

第一章

大学是加强版高中吗？

每个人可能都会遇到思维陷阱。

能够站在高处审视自己的是智者。

我们会依据自身经验和熟悉的知识背景为新生事物定性，然后建立一个思维模型，这个模型会随时间和环境的改变而发生变化。我们需要不断地动态输入信息，适时修改模型参数，才能适应新的环境和场景。但是，如果这个模型的初始印象在我们脑海中特别深刻，即使应用条件已经改变，我们也并不愿意承认，或者忽略这些变化，用旧模型来解释新现象，就会造成思维冲突，这也是刻舟求剑。

刚步入大学，很多同学可能无法立即适应新环境，原因大抵如此——在变化中陷入迷茫。其中最大的两个思维误区：（1）把大学当成一个加强版的高中；（2）经过十几年孜孜不倦、艰苦奋斗的求学生涯，把大学当成"安乐窝"。

大学和高中有何异同？

首先，同学们的身体发育和心智成熟度一直处于一个爬升的过程，两个阶段之间的过渡期变化最大。青虫羽化成蝶，在短时间内，就会破茧而出，跳出维度，从高处俯瞰地面，甚至会怀疑之前自己的思维为什么会与现在的思维这么不同。

刚刚入学的大一新生，很多还保留着高中生的气质。一个月军训归来，绝大多数的学生会找到大学生的感觉，一种青年人的朝气扑面而来。面对中学生，高中老师会把他们当成"孩子"。一旦进入大学，大学老师们会尽量按照成熟的思维模式去引导他们。

何为成熟的思维模式？

南方科技大学（以下简称"南科大"）校园里有九山一水，山头遍布几万棵荔枝树。从初夏始，嫩绿的荔枝会从树的枝杈间慢慢鼓出。早晨沿着小山上修的木栈道，迎着朝霞，欣赏路边枝头的小巧荔枝，它们顶着露珠，反射着朝阳，一派勃勃生机。

自然界中的果实都遵循成长规律，从青色到红艳艳，称为"成熟"。所谓熟，在古人看来与吃有关。一种东西，加热至可以吃的程度，这就是熟。纵观人类发展，技术对文明发展起到了重要的促进作用。石器流

行了几百万年，但是人类发展始终很缓慢。当人类用火可以把食物烤熟后，原来不能吃的粗纤维通过加热过程可以被切断，成为可食用被吸收的营养；原来含有细菌的食物，加热后变安全，味道也大增。熟的食物成为促进人类大脑和文明发展的重要一环。

"熟"这个字眼，在远古人类眼中，非常神圣。人类的诸多幸福感，都来源于对熟的理解和实践。

人类凭借深邃思想，创造了璀璨文明。人不只身体要发育成熟，还有精神成熟需求，从思维这个维度，增加了熟的内涵。

人的精神最难理解，每个人的大脑回路和思考模式都不相同。以文明社会和知识体系为基础，人类创造出较为标准的思想和行为准则。但是，每个人的学习都是一个不完整拷贝，会在自己的脑海里进行二次加工，形成个人思维特色。人各自脑海中的回路不同，信息加工后的思维也因此会不一致，这就是人与人之间需要交流的原因，其本质就是对大家不一致的思维进行磨合。否则，整个社会的思路就会变得混乱。磨合好且大家公认的社会思想行为规范，就是社会道德和公约。

所谓成熟的思维就是要善于把握社会道德与公约，其中一个显著特征就是通透豁达，知可为，也知不可为。学生要了解自己的优缺点，不优柔寡断，应善于取舍，选择明确。

我遇到过这样一个案例。平时一个非常优秀的学生，毕业前申请获得了好几所名校的录取信，其他同学纷纷前来祝贺，并讨教经验。本来这是一件好事，可以加强和同学们的信息分享，是提升自己人际关系和能力的好时机。可是，这位同学在名校选择中犯了难，并感觉其他同学的行为扰乱了他的思维，不胜其烦。最后，因为选择的烦恼，他情绪陷入低谷，好事变糟。

实际上，他选择任何一所名校都前途无量。之所以纠结，本质原因是不知道如何正确选择和交流，想获得所有学校的优点，因学校某一方面的不足而一叶障目，看不到学校和自己的整体契合度。

这种极端现象是个案吗？

非也，人生选择时刻在发生，我们不可能同时进入两条河流。独立思考和选择能力，是构建自己在大学的生活模式、知识体系、后续的职业规划，以及团队合作等一系列框架的基础。基于选择能力，又会衍生出换位思考能力、执行力，等等。

如何才能做好选择？

这是一个难题，并没有简单的方法可以解决。终极选择就是，如何选择让自己走上一条具有选择能力的道路。书到用时方恨少，需要选择时才发现自己缺乏能力。习得选择的过程，也是一个逐渐成熟的过程，这需要从中学时代就要加以锻炼。

空间上，大学自然要比一般的初中和高中大很多。南科大占地近三千亩，山水间一栋栋建筑拔地而起。这些建筑包括教室、宿舍、实验室、图书馆、食堂，以及体育馆等。这些有的初中和高中也有，但是规模要小很多，至少很难在初中和高中校园内看到校园巴士。

这只是从校园的物理空间进行比较。大学是一个开放的小社会，与大社会之间有着密切的联系。大学生会进行系统的社会实践和专业实习，他们会利用假期或者业余时间走出校园，进入社会和大自然，扩大社交圈和生活轨迹。因此，大学生的空间感要比中学生复杂和宽敞得多。

在心理层面，大学生的空间感也会增加很多。初中和高中时期，尽管同学们有自己的内心需求，但是在求学的过程中，大部分时间还是以学业为主，父母和师长的喜好对学生的影响明显。而大学生要寻求自己的内心空间，并与自己的物理空间合二为一。此外，大学生的视野空间也会扩大。他们会遇到来自五湖四海操着不同口音的同学，带来不同的家庭和地域文化，性格和爱好发生精彩碰撞。由此，很多同学的人生会打开一扇特别的大门。

与之相反，面对开启的新世界，不同的学生会有不同的反应。有的同学勇于走出过去的思维模式，拥抱光明的未来。有的则像探出头的小

蜗牛，被外界的光一照，风一吹，就又缩回头去，踟蹰不前。

　　大学与中学相比第三个最大的不同是知识体系的变化。依据中学的物理概念，速度就等于距离除以时间（$v = s/t$）。在大学的知识体系里，速度则是距离对时间的求导（$v = \mathrm{d}s/\mathrm{d}t$），也就是要确定微小时间内的速度变化。这种概念变化看似简单，实则对应着知识体系以及思维的巨大

差异。

此外,科学探究变成综合学科的协作发展。在中学,数理化天地生,每门功课内容区分度明显。但在大学知识体系中,我们要面对专业,而不是单一科目。这需要学会运用多种知识来协同解决问题。

很多同学感到困惑,为什么不同专业的教授,其专业知识背景和科研方向却具有很强的相似性?比如生物医学工程系的教授可能在关注材料问题,为材料发展提供新思维。材料系的教授也可能正在研发医学新材料,极大地促进生物医学领域发展。

认识到知识体系的重要性,建立起全局观,是衡量一个大学生成败的关键点之一,这能为未来发展打下基础。构建这样的知识体系需要时间、耐心,以及科学引导。

学生制定好学习方向后,在几年的本科学习中,要逐步搭建其知识体系。比如,南科大现在属于学分制。有的同学就可以充分利用这种优势,通过选择不同院系的课程,相互搭配,构建出自己的知识体系。我熟悉的几位数学系本科生,数学功底扎实,同时他们还参加了其他院系的项目,把数学知识和工程应用结合起来,最终找到了数学应用的重要结合点。也有的同学进行了简单的叠加,以为把几个院系的知识加在一起,就构成了知识体系,结果越学越乱,没有了自己的优势方向。

对大学生而言,掌握知识体系的方法和目的都发生了改变,对学习方法也有了新需求。数据统计发现,大学生毕业时的成绩与入学时成绩的关系并不显著,但是与大一成绩的相关性非常大。这说明,大一新生学习方法的及时改变,是快速适应大学的有效方式。

高中课堂允许考试失误,错了下次可以改正,通过反复练习,同学们最终获得不错的高考分数即可。可是,大学课程的弥补机会就少很多。大一学不好,会影响整个大学阶段的综合成绩。

这种新学习方式需要匹配较强的独立自主思维和时间安排能力。靠老师、辅导员或者同学督促来学习是行不通的。有些不适应的新同学会陷入一种鸵鸟思维，把头埋在沙土里，好像可以暂时躲过不安。极端一点的同学甚至不去参加考试，到毕业前发现还有一堆学分要补，大学生活因此搞得一团糟，为后续发展设下阻碍。

获得独立的思维能力，学会像成年人一样思考，并不简单。如何产生"要独立发展"的意识？每个人的路径不尽相同。但是学生与老师之间的相互配合，是解决这一问题的最有效方式之一。

大学和中学在某些层面上有一定的可比性，比如都由老师、学生和辅助人员组成，校园内都有熟悉的场馆，但是它们在本质上截然不同。我们绝对不能把大学看成一个加强版高中。除了知识体系的提升，我们还要认识到大学是青年人思想成熟，逐步走向人格独立的关键阶段。

情商智商双促进，

学习生活两不误。

从深度和广度两个方面，大学将展示出其精彩内涵。

第二章

什么是大学？

不同视角下的大学观

大学不是加强版的高中，那么大学是什么？

无论是大学内部的直接参与者（老师、同学以及行政管理人员等），还是大学外部的关注者（政府管理人员和家长等），每个人似乎都对大学有所了解，但是细究其内涵，似乎又不能完全说清楚。其实，这种"盲人摸象"的感觉完全正确，因为大学确实具有多层内涵和表现形式，从不同角度去理解大学，得出的结论并不完全一样。

从家长的角度，大学存在的价值是能够为孩子提供一个接受高等教育的平台，为他们日后成才提供助力。大学的声望以及文凭的含金量是家长最为看重的指标。大学文凭带来的便利，是过去千年大学这种模式屹立不倒的重要因素之一。

人类社会运转需要信任。"钱"是商业体系中的信任载体，"文凭"则是人才与能力培养的某种信任载体。从统计意义上讲，用人单位会相信拥有一张镀金文凭的人，其个人素质也会高，这就形成了找工作中的"敲门砖"现象。大学只要能够提供足够亮眼的文凭，其社会价值就有了保障。为此，大学也会不遗余力地提升学校声望以及所颁发文凭的社会认知度。在这一点上，家长与大学有共鸣，形成利益共同体。社会上会出现各种大学排行榜，把大学的教育资源分为多个模块进行加权评分。在资源有限的情况下，国家也更愿意为声望较高的学校投资。

与家长不同，大学生亲临其境，甚至可以亲自参与大学建设。他们可以从内部审视大学的方方面面，更加注重几年的成长过程。对于学生，大学是人生中的重要历程，心智成长，知识提升，人脉扩展，羽翼渐丰。大学是一个小型社会，学生是这个特殊社会中的一分子，付出自己的努力，获得大家的认可。

可见，大学是学生成长的平台。整体上，学生对大学的运转模式并不完全清晰，会出现自己的利益诉求与大学的整体利益不一致的情形。不过，这也恰恰是学生充满活力、努力尝试成长、自我意识提升的一种体现。大学的老师和管理者们，并不需要特别担心同学们在成长过程中表现出来的激情。

教师对大学的体会又不一样。对他们而言，大学是实现他们的教育与科研理想的平台。作为知识的创造者与传递者，大学教师注重学校的整体声望提升、资源的充盈以及发展的平台路径。作为教学与科研的主要载体，教师是一所大学最为核心的所在。一所大学要发展，优秀教师是前提，而后才会吸引来家长和优秀学生的关注。为了保持活力与竞争力，大学的核心战略就是教师队伍的发展与人才队伍建设。

教授在大学中的主要任务包含三方面：教学、科研与社会服务，这构成了他们日常生活的主体内容。在教学方面，教授把前沿的研究思路纳入到课堂中，在理想状态下，搭建起师生之间知识流通的桥梁，形成知识创新互动，教学相长，其乐融融。但是这种理想的模式并不总是能实现，也会发生知识传授和学生对学习成绩（GPA）追求之间的矛盾。

当研究型大学成为主体大学类型后，在科研方面，教授们的研究水平和在学术圈的声望几乎是一所大学声望的基石。高水平的教授可以带来最前沿的科学研究、充足的科研经费以及一所大学排名所必需的分值。所以，大学对高端人才具有强烈的渴求。反过来，拥有学术大师的校园也会激励同学对知识的向往。我们可以想象，在普林斯顿大学的校园内，如果我们遇到爱因斯坦在散步，肯定会激动地上前和他打招呼。我们会为拥有这样一位科学家而感到自豪。

随着大学的发展，大学与社会的关系变得越来越密切。教授们除了在校园内参与服务工作（比如指导学生、参加学校管理等等）外，还会加入到社会服务中来。这是学校与社会加强交流、提升大学社会影响力的具体方式。与中学不同，大学还具有服务国家战略需求的属性。随着国家经济发展，国家与社会赋予大学的责任已经不是简单的"教书育人"，还需大力推动国家科学技术水平提升，在新技术研发，尤其是"卡脖子"技术方面有所突破，为此，在大学里，可见各种教育部重点实验室以及国家重点实验室等。

对于政府管理者和用人单位，大学是为社会输出人才的平台。社会

发展，需要有知识和具备管理与创新能力的人才。大学是教育的主阵地，是培育人才的核心单位，利国利民。没有优秀的大学支撑，就不可能在科学技术领域占据制高点，也很难真正成为强盛的国家。所以，政府会不遗余力地支持与推动大学的发展，并通过一定的政策引导，让大学的发展与国家发展同向同行。

对于金融体系来说，大学是创造价值的平台。传统大学注重知识的传承，而现代化大学则更注重知识的创新。以硅谷为例，斯坦福模式成为全世界都想效仿的模式，大学创造知识，提供创新点，周边的公司则承接知识，为金融体系服务，形成产学研一条龙的新模式。知识创新推动金融发展，金融创新又为大学提供新的发展平台，形成互惠双赢的局面。

对于文明发展来说，大学是传承知识和文化的载体。早期大学藏书丰富，汇聚了人类知识，一代一代地传下去。学生们之所以需要大学，除了大学能提供学习证明，还有很多从书籍上无法获得的东西，比如和同伴及老师之间的交流等等。对信息和知识的垄断，使得大学成为当时社会中追求知识和增长智慧的理想场所，并持续下来。对于现代大学来说，保存知识这一功能虽然被弱化，但并没有消失。

大学是一个复杂的功能复合体，把它比喻成为一个小社会并不为过，这也是大学生能够通过大学生活逐渐成长起来的前提条件。如果大学只是一个简单的知识传授机构，则不能支撑大学生顺利成长的需求。但是，如果我们只是把大学看成上述不同功能的复合体，就好比我们认为一个人就是各种器官的综合体一样，那么还是不了解什么是大学。

当我们观察和了解一个人的时候，其身高、体重和长相固然重要，但是这个人的性格、气质和内涵，是我们区分人与人不同的最大指标。所以，老师、生源、大学排名、社会服务固然重要，但这并不是大学的本质，而只是大学发展后的现象。我们考察大学，必然要了解大学的本质及其历史发展出现的一些困境。同时，我们还需要理解大学这种复合体一定经历了复杂的演化过程。

大学的本质内涵

我们看先哲们如何定义早期大学的本质。

柏拉图的《理想国》提供了两个范式：一个是讨论理想化的组织，

另外一个是以对话形式展示作者的多维度思考模式。这一点，被尼采吸收，他在二十多岁写出《论我们教育机构的未来》。虽然尼采没有在标题中明确写"理想的教育机构"，但是其核心内容是在讨论什么才是理想的教育机构。

作为一个哲学家，尼采非常聪明。在《论我们教育机构的未来》这本书中，他把连续五次的演讲稿组合在一起，提出了当时德国教育遇到的大问题，但是该书没有结尾，也没有提出改进方式。其实，这就是尼采的聪明之处，提出问题容易，如何解决问题很难。我相信尼采一定思考过解决方案，但是一定没有完美的答案，欠缺这部分显然是最佳的选择，免得后世评价他肤浅。

早期大学的设立就是为了进行全人教育，目前对大学的本质内涵要求是：大学的独立与自治、学术的民主与自由。

大学起源时，具有独立运行的基因，并被保留下来。早期大学显然处于初级阶段，规模和内涵以及社会影响力都低，且缺乏学术的追求。等到研究型大学出现，规模扩大，增加了科学追求，扩大了社会影响力，但是其独立与自治功能开始下降，受社会和政府的影响越来越深，以至于在尼采的时代就开始抨击教育的这些所谓新进展，认为丢失了教育的传统。

这就出现了一个悖论，教育在发展，大学在演化，也离初衷越来越远。

人是社会的人，大学是社会的大学。只要大学发展，就会和社会发生千丝万缕的联系，其社会性立即凸显。大学一方面享受着社会化带来的资源注入，一方面又无法避免社会需求带来的压力。大学与社会发展目标相协调是解决这一矛盾的重要途径。

在学术民主与自由方面，学术可以概括为科研人员进行科研所需的必备行为与条件，包括上课、做科研、写文章等等。早期的科学处于大树的根部，白纸作画，在任何方向上都可以做出像样的成果。所以，自由学术很重要，这样可以在更多方向上取得成果。到了近代，科学已经爬上了树干，甚至到了枝叶。完全的自由科研，会产生很多低效率的后果，重复性科研、没有前途的科研等等，造成巨大的科研资源浪费。具有一定指导性的科研，可以在有限资源的情况下，集中精力突破。这种模式，会在一定程度上影响科研的自由性，但是可以增加科研模式的多样性，而后者在人类科技文明高度发展的今天，也很重要。

以上两个方面，可以作为大学的代表性理念。但是，我们并不能陷入极端思维。适应新时代文明发展，并为新文明做出贡献，我觉得可以作为新时代大学的目标。

大学建设永远都在路上，思维在变化，社会环境也在变化，这会深刻地影响大学的发展理念、学生教育、科研体系、学校文化等等。总之，目前的大学之所以被民众接受，主要是大学还承担着系统的知识教育、文凭信用体系、科研及思想产出等功能。

大学需要建设有特色的教育体系，产生出色的科研成果，这样才能稳固其存在的社会价值，在未来发展中，持续破浪前行。

第三章

早期大学什么样?

大学模式的由来

大学一直处于演化之中。现今的大学与早期大学有较大的差异。如果不了解大学的前世，也就无法深入理解其今生。

早期大学的主要任务是高等教育，科学研究则是在研究型大学被创立后才逐渐纳入大学任务的主体内容。

教育，也就是师生相长，自古就有之。中国孔子有72门徒，古希腊的先贤门下学生也不少。但是早期这种教育形式或者机构并不能被称为大学。无论是其社会背景、文化基础、教学内容、组织机构还是教育目的，都与大学有明显不同。

城市发展，出现了自由人，也随之出现了许多自由组织，大学就是其中的一种自由组织模式，最初并没有受到社会的普遍重视。大学的起源说起来有点让人难以置信，最初竟然是学生唱主角。

大学产生于城市的发展，最早的大学模式至少可追溯到11世纪晚期意大利的博洛尼亚。11世纪，古希腊的一些思想、知识和书籍从阿拉伯回流到欧洲，意大利北部的博洛尼亚刚好是这种知识体系回流的重要地理节点。为了寻求新思想，博洛尼亚汇聚了很多来自五湖四海的年轻人。在城市中生活与学习，学生们经常为房租和学费犯愁。为了维护自己的利益，学生们组织起来成立了学生协会，其目的很明确：和房东讨价还价！

University看着是不是很熟悉？Uni表示统一的意思，Universe就是宇宙，Universal则表示普遍的，放之四海而皆准，于是University则表示教授这种普遍知识的地方。University of Bologna 则表示在博洛尼亚建立的一个教授与学习普遍知识的地方。University 就此正式成为"大学"的代称。

在中国古典名篇中,《大学》是《小戴礼记》第四十二篇,是中国古代儒家论教育理论的重要著作,和《中庸》《论语》《孟子》并称"四书"。在《大学》中,古人提出了"格物、致知、诚意、正心、修身、齐家、治国、平天下",从自我出发,逐步走向家国天下,为个人发展和人生意义升华提供了具体的指导方向和行动指南。此外,"大学"这个词本

身还特指可以整理、研究和传播高深知识的具有固定地点的机构。在这个机构中，汇聚了一些饱学之士，一方面要藏书，一方面要研习、传授。

唐朝以后，书院制度出现，书院又进一步分为大学部和小学部，以区分出学习层级。在20世纪之初，中国引入西方教育体系，把学堂细分为"小学堂"、"中学堂"、"高等学堂"和"大学堂"等几个级别。民国以后，"大学"就成为高级别学堂的正式称呼。

从University和大学两者对应关系来看，受到历史、文化和社会关系的制约，中国的早期大学、书院或者学堂与欧洲的University区别很大。但是，它们都会汇聚知识，并为社会培养人才，这两点目标上别无二致。所以，把University翻译成大学，我个人觉得非常贴切。而且，大学之大，也从时间、空间和内涵上给予高等学府清晰的定义与宽泛的内涵。

随着时间推移，学生们发现，欧洲早期学生会还可以做更多事情，比如学生们可以集体出资聘请老师授课，这可以极大地节约授课成本。在这个体系中，老师的工资很低，而且必须满足学生提出的协约要求，不可能专门去研究自己喜欢的方向。这种师生关系更像一种雇佣关系，只不过学生是老板，老师是佣工。

随着老师的增加，老师们也成立了自己的组织——教授会，用来维护老师的权益。如果现在的学生了解到早期老师竟然是弱势群体，并把这种模式作为大学的开端，一定会觉得难以置信，这和现代大学讲究"尊师重道"的师生体系相去甚远。

大学模式的拓展

12世纪中叶，法国巴黎圣母院的教会学校演化出巴黎大学。此时，大学的组建由教师占主导，主要教授法规、艺术、神学和医学。这种模式主导了后续的大学模式。学生自此成为了被教育的对

象，再也无法把握大学的发展方向。

英国在 1168 年建立牛津大学。英国的学生并不好管理，常与周边的居民发生暴力冲突。于是，牛津大学只好自己建造宿舍，把学生集中起来管理，于是书院这一古老模式就这样戏剧性地诞生了，并从此成为英国大学的精髓。

这种模式，随着英国清教徒乘坐五月花号（Mayflower）来到美国，在美洲大地开花。这艘船重约 180 吨，于 1620 年由牧师布莱斯特率领来到北美。全船乘客有 102 名，包括清教徒、工匠、渔民等。这些人制定了《五月花号公约》，为后续美国各州自治政府打下了基础。

五月花号的船员追求的就是自由与公正。这种初始基因为北美学院的发展注入了新的气息。17 世纪属于北美殖民地时期，此时美国地域开放，以欧洲教育模式为范本，依托教会，早期殖民者建立了九大学院（College）——包括著名的哈佛大学、威廉玛丽学院、新泽西学院、达特茅斯学院、耶鲁大学、罗德岛大学、国王大学（哥伦比亚大学）、皇后大学和费城学院等。

我们不禁要问：为什么在早期殖民地，当地人要追随英国的传统，建立学院？我觉得有如下原因。首先是文化传统。早期大学基本上依托教会而建，所以五月花号上的牧师们熟悉大学这种模式，建起大学来得心应手。其次，早期殖民地需要人才，而通过大学教育，传承人文知识，把年轻人培养成为神职人员和国家的公职人员，这是最佳的方案。最后，听起来有点怪，但是也合理，就是建立起大学的社区感觉很有档次，面子上有光，有撑门面的意思。至于教学效果，倒不是特别追求的因素。

这些学院相当自由，各具特色。此时，教师的地位仍不高，工资也较低。由于教师少，学生少，学院开设的课程也相对偏少，还谈不上课程体系，形不成规模。这些早期的大学也缺乏科学研究，因此也就不会创造很多新知识。但是，随着大学与社会发生关联，这种局面必须改变。所以，只要假以时日，北美这些简单的学院就会发生显著的变化。这是一个典型的从简单到复杂的过程，包括建校规模、管理制度、教授招聘制度、招收学生、大学与社会的关系等等。这种变化与美国当时的社会关系和生产力水平相匹配。可见，大学与高教发展绝不是象牙塔式的自我进化，而是与社会紧密衔接互动后的结果。当然，我们也不否认一些著名人士和校长在大学发展中起到的中流砥柱的作用。

从大学发展的过程看，大学类似一个有机生命体，它会在环境突变中寻求自我适应于环境的生存机制。当环境积累到一个点，对个体变异会体现出重要的推动作用。我们可以从环境和个体突发事件两个方面来考察大学的演化脉络。

研究型大学的出现

在17世纪北美建立较为初始的学院的同时，欧洲大学也在寻找突破，这种突破率先在德国得以实现——建立了第一所研究型大学。

一种新型大学模式的建立，需要有明确的目标和坚定实现这个目标的精神。现在我们生活中习以为常的很多事情，在出现的时候却是石破天惊。打破固有的思维模式，是创新的根本，不破则不立。这需要跳出时代束缚的视野，需要天赐的机遇，以及建设者能力互相结合，天时、地利、人和缺一不可。

天时方面，我们不得不说，研究型大学与人类科学之路正好同步。确切地说，研究型大学应该是人类科学思想发展到一定阶段的产物，并对科学技术发展产生了正面反馈。18世纪中叶，西方工业革命发生，人类的创造力井喷。研究型大学刚好可以匹配这种新型的社会发展模式与需求。那些看似没有直接用处的基础科研，显示出了强大的后续生命力。在科学快速发展的早期，基础研究几乎在任何领域都可以做出一番成就。所以，自由探索，在那个时候具有非常强的生命力，也是非常合适的手段。在实践上，证明了研究型大学的实用性。这也正是其后各个国家对研究型大学趋之若鹜的最重要原因。

在地利上，17—18世纪是欧洲思想的重要发展期。以法国巴黎为中心产生了启蒙运动，最核心的内容是反封建和反教会，为整个欧洲带来新的思想和思维环境。18世纪中叶，德国的启蒙运动达到高潮。

我们不免会问，既然法国是这次启蒙运动的领导者，为什么在法国没有率先出现大学转型？

关于这个问题，我们需要直接面对当时德国社会的整体环境。1807年，普鲁士军队被拿破仑的军队打败，签署了《提尔西特和约》。普鲁士的大块领土被割让，法军进驻德国首都柏林。世间万事万物，都具有两面性。关了一扇门，就会打开一扇窗。在精神层面上，普鲁士要奋发图强，要建立新型的教育体系。在人员上，被割让地的大学老师回流，为德国提供了充足的初始师资，使重建大学有了人员保障。

在人和上，洪堡的及时出现以及在建校原则上的理念进一步确保了研究型大学的诞生。洪堡是我们必须要记住的一个人名。现在都还有以洪堡命名的洪堡学者基金，是学术界很高的一项荣誉。目前公认的第一所研究型大学是1809年德国洪堡建立的柏林大学。与欧洲大学相比，德国大学出现得较晚。1348年的布拉格大学是德意志帝国的第一所大学。到了18世纪末，已经增加到42所大学。这些早期大学，并不创造新知识，加之招生人数有限，社会影响力难以普遍提升。如果没有社会变革，这些早期大学会一如既往地慵懒下去，成为社会的边缘结构。这种现象在自然界中其实非常常见。

洪堡认为，大学有两重任务：一是探索科学，二是提升个性和道德修养。而纯科学研究刚好是完成精神和道德修养提升的天然手段。"由科学而达至修养"清晰地表明科学与陶冶情操的关系。只要从事真正的科学研究，就会提升修养。这一点不只适用于教师，对学生也成立。所以，学生的学习方式就是科研与教学统一。让学生在追求科研的道路上学习，而不只是深入书本体系。

洪堡还认为，大学不应该受到外部功利环境影响。国家不要对大学施加太多管控，大学也不必直接反映国家需求。只要大学办好，成长好，自然就会服务于国家。因此，在大学内部，要实行学术自由，学习自由。让真正喜欢科研的人，在大学中开花结果。这些思想，在19世纪显得光华耀眼。

洪堡创建的研究型大学无疑是成功的，为推进德国社会的发展起到了重要作用。同一时期，美国人口增长，又成立了大量学院。到了18世纪末，美国这些学院更加重视效仿德国的大学制度。留学德国，是美国教育体系的重要战略。把研究引入大学成为一种主流思想。在教师队伍建设方面，最大的变化就是开始希望教授从事研究，并把研究成果融入教学，达到教学相长。到了工业化时期，学生人数和教师人数激增。以1865年创立康奈尔大学为开端，开创了综合性大学的组织形式。从学院到大学，其组织形式、授课内容和体系、上学时长、文理权重关系等都发生了本质变化。1876年建立的约翰斯·霍普金斯大学，从一开始就重视研究和研究生数量，独树一帜，迅速成为研究型大学的佼佼者。这使一些老牌学院也开始增加研究生院和专业学院，向大学模式转化。

综上所述，与传统的学院相比，研究型大学强化科研的特征明显。一方面，研究型大学的任务主要在于发现、整理知识，研究高深学问，促进知识的应用；另一方面，也注重学生的职业生涯规划。为此，大学就不能和社会脱轨，大学培养出来的人要服务于社会。

德国建立的研究型大学可以说是从古典模式向现代化模式转化的先驱。从此，大学在教学与科研的双重促进下，演变成为知识创新与人才培养的主阵地。

第四章

现代大学中教授体系有什么特点？

大学教授地位演化

通过演化，大学从简单模式慢慢进化到复杂模式。早期大学的目标非常朴素，机构也简单，课程与教授数量也少。随着大学慢慢变得复杂，大学里的教授数量开始增加，也慢慢变得更专业化和职业化，随之薪金和地位也大幅度提升，大学对教授的管理制度也慢慢趋向我们目前所熟知的体系。

大学主要包含教授、学生，以及行政管理与辅助人员，这三者相互呼应，共同维护着大学的有机运转。从人才管理角度来看，一所学校的人才——尤其是知名教授和有发展潜力的教授，是一所大学最为核心的部分，他们不只创造知识，也是教育传播的主体，同时还是创建大学文化的重要思想库来源。

作为学生，要先理解大学教授的组成结构以及他们的生活方式，这样才会与之进行更有效的沟通和情感交流，获得针对性的资源——包括专业与思想指导、课程设计、实验室资源，以及专业推荐信，等等。

早期，教授的地位和收入没有现在高。当时之所以还有人愿意当教授，主要有两个原因。第一个是个人热爱。有人天生喜欢教育，愿意传授自己的知识。第二个原因，即使收入不那么高，大学教授这种工作也比体力劳作要清闲得多。

随着专业化发展，大学需要更加稳定和专业化的教授。从教授的角度来看，获得一份安稳的工作，得到充分的保护也势在必行。因此，19世纪晚期，学校开始真正实行教授职位晋升制度。1915年，美国大学教

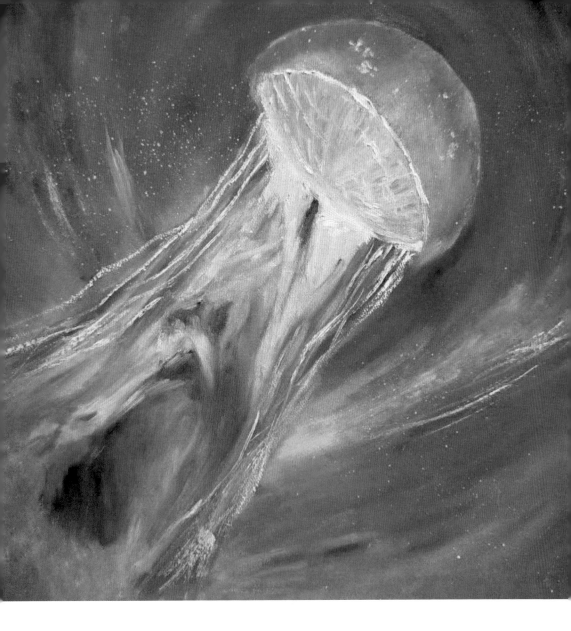

授联合会（American Association of University Professors，AAUP）提出
终身教职的概念，教授开始获得长聘职位，此时教授有充分安排自己科
研的自由权，学校没有充足的理由就无法开除教授。1940年，教授"非
升即走（Tenure-track）"制度被普遍采纳，并延续至今，目前被中国很
多著名高校采用。

Tenure-track 制度被教授们称为"铁牛"制。年轻的教授们，要想顺

利通过聘期考核成为正式的"铁牛"教授，大多要奋力拼搏。当成功晋级后，教授们就拥有了相当大的自由权和安全感。现在也有一些声音出现，对"非升即走"制度进行批评，质疑这个制度一方面让教授们压力极大，既不利于身心健康，也会促使他们选择容易出成果的方向进行研究，从而不利于科研的创新。另一方面，这个制度在考核上常常更倾向于科研的权重，而在教学和社会服务方面的考核不足，造成评价体系失衡。大学看重优秀的科研工作者，并优先聘为教授，但是其教学能力往往被相对忽略。科研大师的名头往往可以弱化其教学能力的不足。研究型教授往往尽力减少授课时长。但是，当硬性规定教授必须教书的时候，教学质量参差不齐，教学体系也会受到严重干扰。一些聪明的学生往往也会忽略课堂的教学不足，从科研中得到补偿。总之，作为一种体系，"铁牛"并不能满足所有人的需求。但是无论怎么样，大学需要新鲜血液的注入以及创新精神的维持，如何平衡对教授们的激励以及系统稳定性，是高校面临的一个难题。

从1976年开始，我国高校进入了高等教育的体制多元化时代，大学变得越来越忙碌。经过多年的发展，现代化大学里的高教体系朝着标准化体系发展，这是满足工业化时代所产生的结果。只有标准化，才能快速复制，加速发展，用最小的投资换取最大的成效。标准化的高教体系本身存在问题，同时也会受到新时代与新环境带来的冲击。面对庞大的高教体系，如何高效地评价这个体系，建立合理的评估指标就显得尤为重要，这是20世纪末期关于高校讨论的重要议题之一。目前我们还没有建立起完备的评价体系。

与早期大学相比，科学在现代大学里完全站稳脚跟。教育与科学一起成功地把神学从大学里赶走，让科学成了大学的文化主流，这与研究型大学的初衷和发展方向相匹配。研究型大学的发展促进了知识体系的更新和全社会生产力的释放，进一步强化了科研在大学中的比重。著名大学首先是科研知名大学，谁拥有更多的杰出教授，谁在科研领域独占鳌头，谁就是高校领域的领头羊。目前，对这个观点基本达成社会共识。

现代大学的整体规模变得庞大，高等教育体系变得多样、复杂与综合。此时，高等教育体系已经与社会融合，成为社会体系中不可或缺的一分子，要想全面了解大学的高等教育体系，就必须从全社会角度去分析，否则就会失之偏颇。

大学从最初的教授传统知识模式逐渐发展到教学科研相得益彰的模式，教师地位逐步提高，教师职能也发生了相应的变化。在现代大学中，为应对大学日益复杂的结构和社会责任，教师的种类发生了分化，这一点在研究型大学和企业型大学中体现得更加淋漓尽致。教师队伍专业化加速，教师可以从教学、研究和社会服务中，选择一项或者多项进行发展，从而派生出多种类型的大学教师，比如教学研究型教授、教学教授、研究教授、产学研教授等等。这些类型的教授都有机会出现在课堂中。

教学研究型教授

在教师类型中，具有教学和研究双重能力的教师一般是中坚力量和主体。一些大学会把这种类型的教师称为 Primary Investigator（PI）。PI 具有很高的地位和受重视度，资源匹配也会相应增多，也具有更高的独立自主权和治校参与权。

从人力资源核算角度看，这样做有其道理。自德国洪堡研究型大学诞生之日起，教学和科研的统一就是研究型大学的立足之本。通过研究，教研统一，相互促进，把教学提升到一个全新的高度。这种方式极大地促进了知识的产生和知识体系的构建。大学希望教授把最前沿的知识融入教学，让学生在知识的海洋中看到该领域的前沿方向。

教学研究型教授要兼顾教学、科研与服务，三驾马车共同构成教学研究型教授的工作内容主体。这对该类型教授的能力提出了很高的要求，他们既能表达，也能潜心做研究，同时还要能保持热情，参与必要的学校和社会服务。

Tenure-track制度有机地和PI制度结合后，如何对PI进行合理评价，综合教学、科研和服务的权重，全方位进行评估考核，成为一个现实问题。目前，大部分高校的思路如下：教学为基础，服务为参考，科研为重点。如果没有科研成果，过Tenure评价时就会很被动。

对于大学声望来说，在教学、服务和科研三者之间，科研最有显示度和回报度，也最能提升学校的知名度和社会地位，而教学和服务则需要长期的积累才会有效果。

建立合理的教学督导和培训体系，是提升教学研究型教授教学水平的重要方式。教学毕竟不是教学技巧的简单拼凑，教学内容是根本。教学也不是以哗众取宠的方式，用浅显的知识去取悦学生的过程，如何让复杂知识变得可以听得懂，是教学技巧的灵魂所在，它可控，可研究，可提升。对没有教学经验的老师，聘为教学研究型教授后，要有足够的时间去适应新的工作岗位和角色，提升自己的教学技巧，平衡教学和科研的工作量，继续成长。

教学教授

并不是所有的教授都能平衡教学与科研，也并不是所有的学科都需要最前沿的科研支撑。一些基础学科需要老师长期的教学积累，才能梳理清楚其学科体系，让学生清晰地掌握学科的基础。对于这些需要教学经验和教学技巧的岗位，显然教学教授更为适合。

教学教授没有从事科研工作的刚性要求，学校分配的资源量会减少。同时，为了弥补科研工作量，教学工作量会相应地提升。在岗位设置上，教学教授的数量会低于PI教授数量。高校在聘任教学教授时，为了实际需要，会倾向于有教学经验的教师。在某种程度上，好的教学教授就成为了稀缺资源。

以教学工作量为导向的教学教授评价，有时候也会走向另外一个极端。在某些院系，学生人数有限，教学教授可能没有那么多课可上。在教学量和教学质量上取得一个平衡，可以促进教学教授发展。

最近，"破五唯"这个词很火。基于这个思路，教学教授是不是只唯教学，他们在科研上可不可以有一些作为？

实际操作起来，这可能是一个问题。依据现有的一些政策，教学教授首先要完成教学工作量。如果没完成，即使年度科研真的很出色，也会被评为不合格，从而影响其绩效和评估。对教学教授，适当保持其科研有助于其教学质量的进一步提升。对教学教授采用教学为主、科研为辅的模式，可能更适应新形势的需求。

研究教授

和教学研究型教授、教学教授相比，研究教授系列最为复杂。

首先，研究教授的来源非常多。某些教学研究型的PI，对教学不再感兴趣，专注于科研，人尽其才，被聘为研究教授很合适。有些PI由于特殊原因，比如不适合在讲台上长时间上课了，转为研究教授是对人才身体健康的保护。

一些教授从一开始就有着深厚的课题申请能力，他们不缺项目，并且喜欢在大学这一平台上尽情发挥自己的科研能力，这种情况在美国很常见。这些教授的地位在大学中也很高，因为能够争取到足够多的资源，科研水平也很亮眼。

以上这些教授，其实是独立的PI，有着自己的科研团队，只是不系统授课而已。

还有一些研究教授则依附于上面所说的PI团队，作为团队支撑成员，为了完成某个项目而存在。这些研究教授，其工资大部分来源于项目支撑，某些情况下，学校也会按照一定比例出资，以资助PI团队的发展。

某些高校为了快速地充实PI团队，大量招收研究教授，并进行严格的淘汰制度。一方面，这些研究教授可以在PI团队中学到新技能，或者通过此种方式进入科研体系，充分利用科研平台等等。另一方面，其位置并不稳定，压力也会很大。

还有一类研究教授会更加稳定些。高校作为一种重要的学术机构，除了院系，还会设立若干研究院或者重点实验室。他们依托或者基本独立于教学院系，资金充足，可以为其中的研究教授提供较为稳定的资金支持。有些研究院会和院系耦合，与院系共同资助研究教授。

研究教授面临的最大问题就是项目资金链的问题。如果研究院或者院系资助减少，研究教授的资助就会变得不稳定。因此，一般资历较浅的研究教授会面临更大的科研和生活压力。在学术体系上，很多研究教授并不能完全独立，这对其后续研究发展不利。

产学研教授

大学不再是象牙塔，如何有效地服务于社会，完成成果转化，是很多高校正在致力实现的目标。有一批在大学之外的公司或者相关部门工作的科研人员，非常适合被聘为产学研教授，他们可以促进高校成果转化。这种类型的教授是大学和产业之间的"摆渡人"，其考核机制更应该偏向于成果转化。对于这种新类型的定义，目前还不是很成熟，在新工科教育的体系中，是否能给予产学研教授更多的席位，是一个值得思考的问题。

大学的教师队伍和中学老师相比差异很大，中学里的老师类型简单得多，目标也简单得多。大学内部的教师队伍类型繁多，这符合大学目前具有多重身份的特点，满足大学在教学、科研和社会服务这几个主要功能上达成平衡的要求。大学里不同类型的教授职责不尽相同，同学们要了解教授们的成就和各自的特点。

第五章

教授的行政影响力
如何体现?

大学教授分级

很多同学也想成长为大学教授，形成创新思维，受到广泛的尊敬和认可。那么，大学教授在大学中的地位到底如何？

大学里的教授除了有好几种类型外，由于年龄、资历、学术影响力，以及学术贡献等不同，每一种类型都会再细分为好几级。我们最为熟悉的教学研究系列型教授就分为助理教授（Assistant Professor）、副教授（Associate Professor）和教授（Professor）。如果是研究系列，就会分为研究助理教授（Research Assistant Professor）、研究副教授（Research Associate Professor）和研究教授（Research Professor）。

在教授的三个主要层级上，有的单位还会进一步细分，比如正教授可分为四个级别，与工作年限和贡献有很大关系。在工资层面上，每一级都会有差别。一级教授大都是著名的大教授，比如一些院士和大科学家。二级教授是在学校非常资深的或者有影响力的教授，以年长者居多。年轻的教授很难被评为二级教授，大多分布在三至四级。有些学校对正教授职位不会再细分，但是为了区分影响力和学术贡献，在正教授之上，会增加带头衔的讲席教授（Chair Professor，俗称"椅子教授"）。有的学校的讲席教授属于荣誉性质，有的则逐渐转化为实际地位比一般正教授职称要高的职称。

助理教授一般都是非长聘的（Non-tenured）。在晋升时，可直接晋升为长聘（位置稳定）副教授。在某些高校，长聘的定义会有歧义，在这里，我们把中文长聘和Tenured挂钩。如果没通过Tenure-track考核，大部分情况下，他们就只能换岗或者寻找新职位。

中国的各类研究所和大学的职称体系不一样。在研究所，职称分为研究员（Researcher）、副研究员（Associate Researcher），以及助理研究员（Assistant Researcher）。这三个职称分别对应着大学的教授、副教授和助理教授。但是，这里有一个容易让人混淆的概念。就是欧美大学里的 Researcher，以及 Research Associate 等叫法，并不能直接对应于中国研究所里的研究员，它们很多实际上只是博士后的另外一种叫法。大多数情况下，国外大学里的 Researcher 只是教授研究团队里的一个成员，不具备独立 PI 的权限。

在一个成熟的教育体系中，如果有良好的人才市场，良性的人才淘汰与循环有助于人才交流。比如，哈佛大学引进的年轻 Tenure-track 助理教授，直接留下为长聘教授的很少，这一模式成为传统。其他高校会盯着这群年轻人，巴不得他们早点离开哈佛大学，加盟他们的团队。

从表面上看，哈佛大学这种模式不是吃亏了吗？这不是白白地给其他大学培养人才吗？其实不然。这些年轻人到其他单位，吸收了新的文化，成长为更优秀更成熟的人才后，可以再回流到哈佛大学。因此在长时间尺度上达到动态平衡。

人才合理流动需要较为成熟的人才市场，有出有进，让人才流动到最合理的位置，达到长期的动态平衡。如果这个市场不成熟，就会有两种极端的情况出现。第一种就是"挖墙脚"。第二种就是"赖着不走"。如果从学科发展角度看，成功引进其他高校的人才，会被对方称为"挖墙脚"行为。从地方保护角度，国家不鼓励从经济不发达地区挖人才，这会造成经济发达地区人才汇聚，而经济欠发达地区人才不足的局面。

从长远发展来看，这又是一个悖论。如果没有外部的人才引进，只靠自己从本地培养，必然存在见效慢、文化重组也不够充分的缺点。外部人才如果失去了合理的流动，就可能不愿意直接到经济不发达地区去发展，使经济不发达地区的人才更加难以形成虹吸效应。

在成为长聘教授前，一些年轻教授的心态会有些不稳，选择科研方向也更倾向于短期收益，在教学、学生培养，以及社会服务方面投入不足。在Tenure-track考核阶段，也经常是年轻教授们"上有老下有小"的困难阶段。孩子需要上学，爱人需要工作，如果没通过Tenure考核，在学术上，很多年轻教授会有很强的挫败感；在生活上，也会出现很大的变动。这对一直优秀的年轻人来说，是很大的打击。

通过以上分析，我们可以看出，教授们在学校里的地位并不相同，不同阶段的发展目标不同。长聘教授心态会稳定得多，也有更多的时间提高自己的影响力，在教学、科研和社会服务三方面达到平衡，在管理经验和思路上也相对更成熟些。

在实际操作层面，教授们如何才能对学校发展产生更深远的影响？

能量是万物之本。一个有机组织的正常运转，其核心问题是能量分配。这个能量包含两层含义。第一层是真正的物质和资源能量，这是有机组织长大的重要保障；第二层是权力，这是文明生态运转的最底层动力。现代大学是一个大有机体，日益显示出其复杂性和复合性。大学里，在能量和资源分配与权力分配之间，后者经常可以决定前者的分配模式与走向。

朴素地讲，大学存在的最本质的部分应该是学术系统。如果没有好的师资和高水平学术产出，后面两个系统就会"巧妇难为无米之炊"。所以，充分保障教授的权益，是促进大学始终充满活力的重要保障。在不同的大学，教授们的权益并不完全一样，这与该大学的发展历史和运行模式密切相关。

教授们对学校决策的影响，可以通过多个方面得以实现。

教授会

体现教授权力的一个重要组织是教授会，或者教授委员会。在大学出现之初，教授会就已经出现。教授的地位并非自古就有。早期大学由学生主动组织起来，教授缺乏大学主导权。大学发展后，教师的地位提升了。

西方高等教育发展历程中，教授会有历史传承，在中国传统高校的治理体系中，教授会没有可借鉴的本土模式。国内大学教授会的权责源于学校内部治理的顶层设计，相关章程还有可以发挥的空间。此外，与中国传统研究型大学的管理体系相比，教授会在学校内部治理体系中角色定位还需要明确。由于其权力的历史合法性、学校管理提供的组织合法性，以及面对传统中国高校结构，中国大学的教授会还需要逐渐适应大学环境。

教授会可追溯到中世纪的"慰病助贫团"和具有行会性质的"教师法团"。在欧洲体系中，教授会发展较早，已经融入大学发展的历史，并成为大学文化的一部分，在大学中的影响力较大。可是，教授会并不是传统大学的领导结构，比如，在美国，早期大学的领导权就已经在董事会手里，教授的权力受限。18世纪末到19世纪初，美国耶鲁大学第八任校长蒂莫西·德怀特率先实践教授治校，赋予教授会权力，并随后被很多大学效仿，开启了一段教授会较为风光的阶段。

中国大学的教授会始于蔡元培。他引入德国的评议会和教授会制度，于1912年起草了《大学令》，确立了北大的教授治校体系。随后清华和西南联大都采用这种制度。这里的评议会指校级教授会，而教授会则针对学院和学科。所以，教授会一般具有两个平行结构：校级与院系级，二者并非领导与被领导的关系。

几乎同一时期，教授会在日本的教育体系中被纳入法律。但是，在随后的发展过程中，日本和中国走上两条不一样的道路。1931年，针对教授会出现的问题与"教授治学"的理念，蒋梦麟校长取消了北京大学的教授会，由校务会取代。校务会成了目前很多大学治理中的标准配置。虽然在西南联大教授会又被推出，但是其影响力也仅限于此。

可见，在中国大学早期发展中，就已经开始出现"教授治校"和"教授治学"之争论。后期北京大学教授会的取消，从教授治校转为教授治学，反映了教授全面治校还存在着现实难题。究其根本，可能存在如下几个问题。

从教授治校到教授治学，具有一定的大学历史发展性。

早期大学规模小，教授全面治校也只在很少的学校或者特殊时期才得以实现。学校刚刚建立，很多方面都需要发展，而人力又不足，这个时候发挥教授的能动性，参与治校，是一个明智的选择。开校长见面会，可能一个大会议室就能把全校老师装进去，所以能够通过民主的方式进行决议。大学规模扩大后，学校的管理走上新台阶，教授们的整体治理水平并不会随之相应快速增长，此时，大学需要更专业的管理团队。此外，教授们的强项在于知识体系创新。这些能力在管理中，有时反而会成为一种负担。管理过于灵活，会出现很多问题。

教授并非都有管理之才，信息也未必通畅。在学术自由的思路下，作为学者，更多教授其实更愿意集中精力参与科研与教学。在美国模式中，大学校长的遴选由董事会承担，选出来的校长更有管理经验，比教授们自己遴选校长有效。此外，教授们自己选举校长，也会带来政治化的弊端，形成各种利益群体。因此，从理论上来讲，现代化的大型大学需要专业化管理，教授不可能全面治校。但是，作为学校的智慧群体，发挥教授们的能动性，推动学校治理体系化和人性化，教授们的参与又非常重要。因此，南科大采用的是教授治学与教授部分治校的混合模式，这符合实际情况与教授会的定位。

1949年是日本教育和中国教育的分水岭。日本《国立学校设置法》明确规定评议会和教授会是国立大学的管理机构。新中国成立后仿效苏联，强调行政化的集中管理。

中国和日本的选择与当时的大环境密切相关。中国的教育水平低，急需教育普及与专业人才培养，尽快从一个落后的农业大国迈向工业大国，整体提高国家实力，化解中华民族的发展危机，因此，专业化教育势在必行。在育人方面，中国特色的思政课体系覆盖了传统大学的通识教育，培养又红又专的人才是中国大学的首要目标。总的说来，这种教育模式符合中国当时的国情。日本在美国引导下，全面引进西方的教育模式也在情理之中。

经过几十年的发展，中日教育体系的成就各有千秋。在日本教育体系中，学术自由确实产生了一定效果，尤其在原始创新方面，中国需要加强。但是，中国在技术体系方面明显优于日本。中国的飞船已经翱翔于太空，工业体系已经可以支撑中国的经济命脉。当我们感叹日本有多位诺贝尔奖获得者的时候，日本人正在羡慕中国的技术与经济体系。

随着时代的发展，中国教育体系发生了翻天覆地的变化，逐步改变了苏联模式，使中国的大学更符合时代气息。学术自由与提升教授作用成为新型大学的努力方向，大学呈现出欣欣向荣的景象。

2000年，东北师范大学率先成立院系级别的教授会。2004年，在未获得学校正式支持的条件下，上海交通大学药学院建立了教授会，教授会成员为各课题组组长。在这一时期，建设教授会的苗头初显，但是对教授会的理解、定位不准，组成和运行机制也不完善。

2010年，南方科技大学成立，同时正式建立了教授会这一组织。南科大教授会的成员是所有教学研究型教授（PI）和少量长聘教学系列教授。每个系选出一位教授会委员组成校级教授会。教授会委员选举教授会会长和副会长，会长主持日常工作。

相比较于其他学校的院级教授会，南科大的教授会属于校级，成为校长办公会、行政团体与全体教授会成员之间的桥梁。其具体职责有：（1）选举学校的学术委员会成员；（2）旁听部分相关的校长办公会重要议题；（3）协助审议学校各部门的重要文件；（4）联络各部门，反馈与维护教授会成员的合法利益；（5）带领全校PI服务于社会；（6）选举年度教授奖等。

南科大设立教授会，其初衷有两个。第一，南科大的教授多有海外背景，熟悉教授会的运作模式与机制，因此，教授会具有某种大学文化认同感；其二，作为新型研究型大学，系统建立教授会是学校权力构建中的创新。

基于南科大的教授会章程，教授会在一定的权责之内独立开展活动，成为学校治理中不可或缺的一个自治组织。南科大的教授会具有明显的特色。首先，南科大建校之初就设立好章程，有法可依。其次，作为校级的教授会，有机会参与学校的建设与管理，并在很多方面起到重要的推进作用。最后，采用民主集中制原则，教授会的决策基于全体PI的意见反馈。

如果从教授会这个组织起源来看，南科大教授会算不上创新。2014年1月8日，教育部通过《高等学校学术委员会规程》，规范学术权力与行政权力的关系。这意味着从国家层面开始重新探索教授治学，从制度上为"教授治学"作保障。这些政策出台的主要意图是进一步释放教授群体的创造力，从而推动高校焕发活力和创新力。

依据这个时代背景，南科大从2010年就开始执行教授会制度确实具有非常创新的一面。（1）这是新中国成立以来首次系统地设计与践行教授会制度，出台了完整的教授会章程，进行了10年的深入实践，在教授会制度实施方面走在全国前列，为全国教授会制度建设，实现教授治校做出了积极有益的探索。（2）为构建新型研究型大学整体治理体系做出了贡献，是学校治理不可或缺的一环。比如，南科大实行PI制，管理层面对不同PI会出现1对N的情况。对于共性的问题，通过教授会打包处理，极大地简化了1对N的多维模式，提高了治理效率。（3）"教授会+"的工作模式，极大地丰富了教授会的内涵，拓宽了外延。比如，教授会不是工会，但是教授会+工会能够更好维护教授的全方位权益。教授会+基金会，可以举办一系列教授活动。（4）教授会协助学校建设新文化体系，引导教授们为社会服务。新型大学和社会紧紧联系在一起。教授群体的才智除了通过技术创新，还可以通过科普的方式，让大学与城市互动。为此，教授会领衔，带领教授们编辑《十万个高科技为什么》，开展系列科普讲座，辐射周边中小学、社区、市民大讲堂等。（5）从实践角度，教授会作为学校独立运行的组织，并没有行政管理权力，而是通过集体协商与反馈机制，对学校政策的实施进行监督与提升。通过桥梁作用，与各部门进行深入沟通，解决学校管理与教授治学及参与治校之间的实际问题，通过做实事提高治校成效。这样做的好处在于，作为一个独立开放的平台，教授会可以对学校有更广泛而深刻的影响。

教授会的正确运行与教授会的理念密不可分，教授会的执行方式大有可为。沟通是教授会的第一要点。教授会作为中立方，不能偏袒教授群体和管理层任何一方，既不可以通过组织全体教授的方式向学校管理层施压，也不能唯唯诺诺僵化地执行管理层的决定。僵化地执行监督，有可能造成教授与管理层的对立。每月的教授例会及部门间协商，可以润物细无声地解决问题。

要想真正达到教授治校，还需要工作思路上的进一步创新。教授群体并不是真正的管理人员，独立 PI 面对的是非常个性化的问题。如何把各种个性化的问题集成为有价值的可操作建议，是一个非常难的决策过程。系统化和专业化提案是教授会最需要加强的地方，只有这样，才能真正为复杂的大学体系提供有价值的信息参考。

美国学者亚伯拉罕·弗莱克茨纳认为，大学具有多种模式，我们不能用统一的观点审视它们，也不能对所有的大学问同样的问题。大学应该是多样化的。面对不同的大学文化、历史与所在城市的特色，大学治理也应该具有多种模式，教授会也不例外。我相信，只要能保护教授们的权益，调动教授们的积极性和创造性，构建和谐的校园文化，这样的体制就一定符合大学的发展规律。教授会，大学内部治理的桥梁与润滑剂，大有可为！

双肩挑

双肩挑这个词很形象，两个肩膀挑东西，可以承担更多的责任。具体的含义就是从教授群体中选拔一些有管理经验的人加盟职能部门。大学中的管理对象有些特殊：学生和教授。这两部分人群具有非常强烈的独立意识，也非常抵触被学校单向管理。教授会部分实现了教授参与学校监督，通过间接的方式促进学校管理与发展。但是，教授会并不是职能部门，缺乏相应的执行权力。

职能部门的领导如何也能真正成为大学管理层和教授群体之间的桥梁？教授双肩挑是一种可选的模式。

在大学，管理层面，校长、院长、系主任、学术委员会、教务委员会等等，成员基本上都是教授，但是这并不完全等同于教授在治校。在这些角色中，教授其实同时具有教授和管理者的身份。在治理学校时，这些成员可能会倾向于管理者，而不是站在独立 PI 的立场。此外，一些职能部门领导由教授承担，这虽然不少见，但是大学还没有完全成建制地去构建这个体系。

中国有学而优则仕的传统。各所大学经常会把学问做得好的人才提拔到管理层。这有利也有弊。从有利的层面思考，与传统的行政人员相比，这些双肩挑教授的思维模式与其他教授更接近，是衔接教授群体和学校管理层的桥梁。在制定政策和资源分配的时候，更理解学科发展和人才队伍建设，从而可以提高效率。

另一方面，双肩挑工作的弊端也很明显。这无疑加大了教授们的工作强度，延长了工作时间，同时做两份工作，对教授们的身心健康有一定的影响。教授们并不是完全的管理者出身，缺乏经验。到重要的工作岗位，要管理与分配很多资源，难免会有一定的决策失误。

解决这种问题的方案在于：（1）加强管理经验的培训；（2）增派专业的行政副职帮手；（3）加强行政管理监督。

第六章

人才帽子与人才的
关系是什么？

人才帽子

学校要进行评估，就需要一定的标准。第五次高校学科评估提出了"破五唯"的概念。五唯指"唯论文、唯帽子、唯职称、唯学历、唯奖项"。

这其中的帽子指啥?

这些人才帽子是怎么出现的?

其历史作用是什么?

不唯帽子后，人才建设往什么方向走?

如何建立起新的人才评价体系?

这一连串的问题，一环扣一环，影响着人才体系的建设和发展。如果不了解人才帽子的历史与现状，就无法全面了解大学目前的人才运转体系。

人才帽子的出现，最大的原因在于两点:(1)资源不足，需要集中;(2)创新管理，破除唯资历论。

科学研究与人才培养需要大量的资源投入。20世纪80年代，中国实行改革开放，科研与教育越来越受到重视。中国高校与中国科学院是教育与科研的两大主要阵地。在高校，博士生导师资格需要经过严格评审才能获得，具有很强的光环作用。可以说，博士生导师资格是后期人才帽子的前身。

1994年，中国科学院启动了"百人计划"，其自主强度高，评选极为严格。其目标就是要遴选出百位青年跨世纪帅才。"百人计划"出台的

主要原因，还是资源匮乏，无法大规模支持优秀人才。通过集中资源优势的行为，先打造领军人才，然后带动学科整体发展。从早期入选者的后续发展来看，这一策略还是相当成功的。绝大多数的"百人计划"早期入选者的确成为了跨世纪战略科学家，各自带领出一支优秀的团队，产出了一批优秀的科研成果，为我国构建人才体系提供了绝佳的参考模式。

1994年初，从国家层面上也出台了一个人才支持计划——"国家杰出青年科学基金"项目。该基金项目最初由总理基金支持，后国家批准专项经费，由国家基金委负责运转。杰青基金面向全部科研人员，包括高校和科研院所，竞争非常激烈。

可见，杰青基金是一种特别的基金类型，只资助那些在各自行业被广泛认可、成果出色、有发展潜力的年轻人，该资助早期更注重年轻人的前期成果积累。随着时间的推移，杰青基金慢慢被简称为"杰青"，其人才帽子的含义愈发凸显，其人才市场价值与日俱增，成为大学里争相抢夺的主要人才对象。即使杰青基金结题，"杰青"这个人才帽子早已牢牢戴在相关人员的头上。实际上，到目前为止，杰青基金获得者没有专门的"杰青"证书，只有基金委出具的开题和结题证明。这一点和后续一些真正的有证书的人才头衔有着本质区别。

为了推进高校教师人才队伍建设，1998年，国家教育部启动了"国家级领军人才计划"。与杰青基金资助不同，国家级领军人才计划对文科加以特别的支持。同时对获奖者给予一定的生活补贴。中国科学院系统的研究员早期无法申请该计划。高校教师可以申请杰青基金或国家级领军人才计划。

虽然杰青基金和国家级领军人才计划都可以吸纳海外留学归来的人才，但是还不足以支撑大规模的海外人才引进。为此，国家出台了海外人才计划，吸引了一大批优秀的海外人才。

2012年，由中组部、人社部等多个部门联合印发了国家级青年人才计划。

从时间发展来看，这些人才资助或者人才帽子的出现，其出发点并不相同。这些资助都倾向于较为资深一些的青年教授，而对于那些资历较浅的优秀青年才俊则考虑不足。为了弥补这一不足，国家后续针对更年轻的人才出台了青年人才计划，包括基金委的优秀青年科学基金（优青）、教育部的青年领军人才、中组部的青年拔尖（青拔），以及目前归属于基金委管理的海外优青资助。逐步形成了中青年不同年龄梯队的系统人才选拔与管理体系。

"国家级青年人才计划"从开始的一枝独秀，到现在成为整个人才体系中的一部分，它本身也在朝着丰富多彩的资助类型演化。

为了吸引优秀人才，各个地方政府也出台了相应的人才计划，于是各大名人和著名山水成了人才头衔的主体，比如鳌山人才计划、珠江人才计划、天山学者、楚天学者、泰山学者等等。

对于大多数不做科研与教学的门外汉来说，要想分清楚这些人才称号及其含义，还是非常难的一件事情。

"人才帽子"到底好不好？

首先，这些人才帽子的出现具有积极的历史意义。在国家资源不足的情况下，优先资助一些方向的学术带头人，有利于集中资源，重点突破，然后带动整体提升。从更加宏观一点的视角看，这和深圳作为改革先驱的意义类似。"改革"是国家赋予一座城市的优先帽子资源。东部先富裕，然后才能整体带动西部地区快速发展，这是发展中必然要经历的一些历程。

从实际效果看，这些人才计划为我国建立系统的人才体系发挥了重要的推进作用。在各行各业，我们能够快速识别出一些重要的领军人物，对国家战略布局、行业战略规划、后续人才培育等，都产生了示范作用。

很多事情的好与坏都与阶段性功能有关。一件新生事物，随后会演化出不同的用途，这在实际操作中非常常见。比如，这些人才帽子被逐渐当成刚性指标，成为一所优秀大学的代名词。这些帽子成为"皇冠"，掩盖了一些科研工作者后期躺平的事实。在45岁之前没有获得任何一项人才计划的人，会觉得心灰意冷，缺乏斗志。临近45岁还没获得人才称号的学者，有很多人非常焦虑、浮躁。这些问题对科研生态环境都产生了很大的影响。

把这些所谓的人才帽子定名为"特别资助计划"为佳，在国家科研经费逐渐增长的情况下，用其中一部分来定向资助有潜力的科学家，这在全世界几乎是常态，欧美国家都有。采取公平竞争的方式，遴选出最优秀的人才，事半功倍。但是，这种计划已经为学者在科研成长道路上提供了资源，如果再进一步加大附加值，就会出现我们所诟病的种种不良后果。

近年来，随着国际科技竞争的日益激烈，国家对于人才特别是高水平科技人才的需求和重视与日俱增。只有拥有高水平的科技人才，才能

实现国家的高水平科技自立自强。为此，国家出台了一系列促进人才发展的政策举措，"破五唯"行动，即破除"唯论文、唯帽子、唯职称、唯学历、唯奖项"，是其中的重要内容。从管理的角度来说，"破五唯"是为了扭转不科学的教育、科研评价导向。从人才个人的角度来说，"破五唯"要求各类人才不能沉浸于已有成就，躺平在人才头衔、奖项和成果堆里，而是要轻装前进，跟上时代步伐，树立与新时代相匹配的人才观与发展观，用真才实学服务国家科技发展战略。"破五唯"不是说这些人才称号不重要，而是在执行过程中，还要充分考虑其他相关因素，一起来评判人才的发展。

要做好人才评价工作，首先要搞清楚"什么是人才"。我们从人才的内涵、两种视角的人才观，以及新时代高校人才工作的系统思考等角度展开下面的讨论。

人才的内涵

古往今来，人才的重要性不言而喻。《三国演义》中"卧龙、凤雏，两人得一，可安天下"的论断，说明了人才对于安邦定国的重要意义。当今，习近平总书记关于"人才是第一资源"的理念，说明了人才在推动事业发展、民族振兴、人类进步中的关键地位。中国历来有尚贤爱才的传统，且不说历朝历代统治者对选才用才的高度重视，就连民间对于有才能的人的称呼都是"才子""才女"。

"人才"二字的核心是"才"。"才"字在甲骨文中就已经出现。甲骨文中的"才"字，看上去像一个倒三角形"▽"中间加一竖"｜"。对此，一种解读是像草木从地平面以下冒出之形，指草木初生；另一种解读是房柱与房梁的象形，一根树杈上架着一根横梁。在后世的解读中，才字多用为才能、才干、资质、品质之义。汉代《毛诗序》提道"《菁菁者莪》，乐育材也。君子能长育人才，则天下喜乐之矣。"此处的人才与我们今天理解的人才含义大致相同。古往今来，很多人给人才下了定义。

综合起来可概括为：人才指为社会发展和人类进步进行了创造性劳动，在某一领域、某一行业或某一工作上做出较大贡献的人。

高素质和有贡献是人才的两大特征。从人才的基本素质上来看，人才具有专业能力和优秀品德，同时具备思考力、创造力、执行力和自制力。人才具有宽广的胸怀、优良的品德、广博的学识和坚强的意志。在执行力方面，人才重视贡献，注重执行，勇于担当，善于学习，而且是可持续性深度学习。我们认为，人才就是顶梁柱，所谓"栋梁之材"就是要承受房屋重压而保持其稳固不倒。大到一个国家，小到一个家庭，都要依靠人才的支撑。

人才是一个动态演化的概念。古人认为，德才兼备，圣人；德才兼无，愚人；德胜过才，君子；才胜过德，小人。德才兼备可以委以重任，德胜过才可以委以小任，德才兼无可以任其劳作，才胜过德不可用。当文明变得复杂，社会多元化以后，人才的内涵变得更加丰富。对一个组织而言，从广义上理解，天生我材必有用，人人皆是推动组织发展的人才；从狭义上理解，人才是组织中最核心的存在，是支撑组织发展的脊梁。使用场景不同，对人才概念的理解也不尽相同。顶梁柱这个比喻可以囊括人才的本质特征，但我们仍然需要放开思路，增强对人才内涵丰富度的全面了解。

两种视角的人才观

在"破五唯"的过程中，如何定义新时代的人才，是创立新的科技评价体系，促进选才、育才与用才的核心问题。很多人非常迷惑，刘备已经把卧龙、凤雏同时招揽，可事情并没有按照预期走。可见，人才及其发挥的效应不是一道简单的加减算术题。

我们可以从不同角度去理解人才，包括战略视角和实操视角。

从战略视角看，人才是人力资本的表现，是知识资本的实现，是推动事物发展的根本因素。人才能否发挥作用受到很多因素制约。世界上的人才很多，一个单位的资源却有限。在有限的资源内，匹配什么样的人才就成了一个战略性问题。人才是一个相对概念，体现在三个方面。第一，时间维度的相对性。一个人过去不是人才，但未来有可能成为人才；也可能过去是人才，将来不再是人才。这说明，人才是需要选拔培养的，因此要有识才的慧眼、爱才的诚意。第二，空间维度的相对性。一个人在 A 单位是人才，到了 B 单位可能就不是人才，反之亦然。这说明，人才是需要开发使用的，因此要有用才的胆识、聚才的良方。第三，水平维度的相对性。一个人在同一个单位，在 C 群体中是人才，到了 D 群体中可能就泯然众人矣。这说明人才是要合理配置的，要人事相匹配，而不是人浮于事，因此要有敬才的风度、容才的雅量。

从实操视角看，我们认为谁能解决问题谁就是人才。人才是组织中具有专业性与统筹力的关键枢纽，是组织发展的原动力和突破口。能推进组织良性运转、能创造价值的，都是人才。与中国特色社会主义现代化建设相适应的，能够有作为的，就是人才。改革进入深水区，能啃下硬骨头的，就是人才。这就是"不管白猫黑猫，抓住老鼠就是好猫"。

需要注意的是，单纯要求人才解决问题还远远不够，还要预防新的问题出现。原因在于，问题的出现往往是阶段性的，环境变了有些问题就迎刃而解了。比如，伦敦早期有很多马车，路上到处是马粪，这成为严重的社会问题。可当电气化时代来临，马车销声匿迹，这个问题自然就消失了。但也应该提前预见到电气化时代到来可能出现的新问题。

新时代高校人才工作的系统思考

高校是人才汇聚的天然场所，不仅集聚人才，而且培养人才。纵观中外大学发展的历史进程，任何一所大学的快速发展都离不开人才。因此高校之间的人才争夺战一浪高过一浪。针对高校抢人热，我们提出三点思考。核心观点是人才工作必须与本单位的目标、资源相匹配。

第一，人才引进要有系统谋划。小朋友看到喜欢的东西就想要，通常被认为是不成熟的表现。一个成熟的单位，也不应该看到所谓的人才就要引进，而是要通盘考虑，要深入思考这个人才引进以后是否有助于实现学校的战略目标，资源能否跟上，能否和已有团队达成默契，是否会形成新的竞争或内卷关系等。如果事先没有考虑清楚这些问题，就可能出现人才水土不服、后续营养不良的情况，无法达到既定目标。

第二，人才发展要与组织目标同向同行。大部分情况下，我们都可以被归结为如下这一类人——在各自的工作领域有一些建树，每天在思考和执行，希望能做出一些被认可的创新性成果。这些人是单位的基石，积少成多，可以建成一座大厦。大厦建成的前提是，所有基石都是按照建设目标排列组合的。如果人才每天只做自己想做的事情，全然不顾单位发展的大局，或是人才的能力与单位发展目标不匹配，就会出现南辕北辙的情况。在单位中，我们确实会遇到这一类人，各种能力都强，但是好像在为自己做事。因此，我们必须重视人才的时代性和社会性。只有把人才放在历史潮流和单位文化中，才能让人才获得营养丰富的土壤，然后才能开花结果。

第三，梯队合理化是发挥人才最佳性能的良方。从概率角度上看，只要是一群人聚在一起，哪怕全是人才，也会很快分化。有些人会变得平庸，有些人会更上一层楼。所以，如果没有梯队的概念，哪怕招的全是一等一的人才，也发挥不了他们的全部才智与战斗力，造成人力才智的很大浪费。到了兵团作战这一级别，除了所谓的将才和帅才，还需要思想统一性和组织纪律性。一个很好的例子就是所谓的武林高手，平时一对一，有模有样，可是到了真正的战场厮杀，却起不到决定性作用。因此，必须结合实际，做好人才梯队建设。对人才不能求全责备，不能要求面面俱到，要人尽其才，让每个人都能找到适合的发展空间，成为推动单位和社会发展的有用之才。

人才不是一个独立存在的概念，必须在一个组织或组织情境中加以考量。人才只有在一定的土壤中，才能获得持续发展的动力和能力。脱

离了人才平台语境谈人才，肯定达不到预想效果。因此，人才工作必须与本单位的目标、资源相匹配。

以上我们讨论了人才帽子的由来、人才的定义，以及人才帽子与人才的关系。回到"破五唯"这个主题。这好比要减肥，但是和不吃饭是两个完全不同的概念。破帽子，不是不要人才帽子，而是如何合理利用这种方法，促进人才体系建设与发展。加强人才帽子和学术共同体评价相平衡，加强过去成果与现有学科布局和进展的平衡等等，是一个较为妥实的思路。走极端，破坏一个系统容易，建立一个新系统更难。

对于新入校的学生，在加盟一个教授的课题组和评价其教课质量时，我也想加一条"不唯教授的学术人才帽子"。戴有人才帽子的教授，考量的是其学术水准。教育部对特聘教授的考评加入了对学生培养的考量，但是没有对授课质量进行全面约束与评判。刚刚回国的青年才俊，其上课经验可能更加不足。因此，不能把教授的"人才帽子"和授课质量自动挂钩。

理解了这样的关系，我们就会减少师生之间的期待不匹配。比如，作为人才引进的教授更需要加强课程建设，重视课堂授课效果，而不能简单地认为学生都会懂，或者把非常前沿的知识引入，但不注重学生的消化能力，造成认知上的冲突。而学生也不能简单地认为能够加入一些"大咖"的学术组，人生就稳妥了。学术"大咖"和能否培养好人才也不完全对等。

不过，从统计意义上来说，在学术上走上高峰的人才，其情商和智商都不会低，大概率是教学与科研都行的内行人。我们应保持乐观的心态，与具有学术人才帽子的人打交道，向他们学习。同时，也要有小概率的前瞻意识，在"人才帽子"的光环下，保持学术警觉。

第七章

大学教育的本质是什么?

教育的复杂性与挑战

初想之，教育好像很简单，涉及教育者（老师）与被教育者（学生），传递的内容（知识与思想），以及教学媒介（环境与方法）。仔细思考后却发现，教育是一个非常复杂的非线性演化体系。几千年来，关于教育的模型和方法层出不穷。至现代社会，也是各种教育体系并存，有人担忧，教育学这门学问的地位本身受到了挑战。

教育的复杂性归结为如下几个方面。

首先，即使考虑最简单的静态教育模型（教师与学生），其中涉及的最基本元素"人"，本身就是一个复杂体系。人类是孤独的，是因为不知道自己在宇宙中的最终目的。早期的教育家没有经历21世纪的科学大爆炸，人类的尊严还没有被科学事实无情地碾压。所以，他们可以乐此不疲地谈论人性与自由。他们可以假设人先天就有自由，精神有升华的需要，并且有可行的途径。

我非常赞美与欣赏这种科学刚刚顿开的年代，教育者和哲人怀着人文情怀。他们都有一个坚定的信念，人是世间最伟大的物种。即使承认有动物性，但是那也只是很小的一部分，通过教化，人可以成为独立自由的人，人的天性经过教育纯化，可以成为有道德的人。

经过"教育"，人们发现人类并不自由。无论是身体携带的基因体系，还是身处地球这样的行星体系，人类基本没有选择的自由。一般动物所需的生存信息相对少，写在基因里就足够。一些复杂动物，也需要上一代对下一代的传承，比如老虎捕食技巧等。基因传递，物种生存，是生命第一法则。与之相悖的所有"文化"现象，最终都会被自然无情地抛弃。比如麋鹿长长的鹿角。

其次，我们需要看到，支撑早期教育的知识体系并不完备。在早期教育理论萌芽的时候，更是如此。那时，很多现代意义的科学知识还没出现，靠经验而积累的知识，未必完全正确。在不完备的知识体系下发展出来的早期教育模型，先天就存在不足。

我们必须注意到，教育内容与内涵随着历史在演化。历史证明，早期并未成功探寻到一种放之四海而皆准的教育理念，无论是实践派、批

判派，还是科学派等，都是如此。这说明，教育理论应该只具备阶段稳定性，我们要批判地学习与吸收各种教育理论。

教育体系只是整个社会体系的一部分，它在不断地与社会发生各种能量对接和思想交流。教育所培养的人要为社会所用，教育需要的资源也要从社会中来。学校与社会的衔接，会越来越紧密。这是大势所趋，这也是早期大学没有面对的新形势。

和早期的教育相比，进入21世纪的教育体系，有哪些新挑战？

我们只有知道了这些，才能在大学里学习时知此知彼，安排好自己的学习节奏与策略。

第一个挑战是知识爆炸。这会造成知识消化不良，知识成为负担。目前的知识体系和总量，是几个世纪前的学者们无法想象的。如何传承这些知识便成为了一个全新的问题。以我个人为例，花了几十年去构建和积累，才将自己的知识体系逐渐积累成专业领域的某一个方向的小体系。其中需要的知识方向和知识点极其庞杂。教育在个人成长中很重要，但是个人求学途中对知识的选取和消化，需要成才者自我选择，选择不好，很容易把学生培养成脑子里堆积一堆知识的无用之人。

第二个挑战是时间上限。由于知识增多，学生对学习投入的时间需要大幅度提升。人生最重要的资源就是时间。教育需要时间投入，各个学科需要争抢这种最宝贵的资源。在一定时间内，如何达到教育最佳化，是个全新的课题。

第三个挑战是社会化需求极大增强。传统大学一直保持着某种独立，学校可以追求自由，大学可以培养自己想要的"纯"人才。现今社会，社会化需求极大增强，其影响力穿透了大学围墙，打开了大学的独立之门。社会需求与大学的需求之间并不总是协调的。

第四个挑战是文化内卷。文化自我强化其特征，并与经济行为搅和在一起，使教育逐渐走向自我增强的模式，被教育者在教育大潮中力不从心。

如果非要类比教育体系，在自然界，可以用地球和月亮系统来比拟。地球和月亮通过引力产生相互作用，地球为主，月亮为辅，但是月亮也会对地球产生潮汐力，部分影响地球的发展规律。地月系统不是静止不变的，月亮每天都在远离地球。同时，地球和月亮又围绕着太阳运动，从40多亿年前至今不停地演化。与之类似，教育者与被教育者所处的历史环境、文明程度、知识体系都在不停地演变。教育已经成为社会大体系中密不可分的一部分。

那么，我们需要建立一个非常严密且统一的系统教育体系吗？

系统越复杂，受外界影响越灵敏，牵一发而动全身，最终发展成一个低效系统。正常的稳定系统，需要冗余度和容错度。如何能时刻适应外界环境的快速变化，这在信息时代尤为重要。

将来，知识筛选和定制化教育的发展可能会使教育更加精准和高效。通过迭代反馈的方式，个体也可参与到这一知识定位过程，实现自己的知识自由和受教育模式的自由。这将是未来发达社会的一个鲜明特征，每个人都配套一个专属的教育模式。这个过程需要强大的教育和社会资源背景支持。这个愿景在目前的大学教育体系中还不能全面实现。但是，我们可先采用小班制、精英制等方式去模拟定制化教育，这个在不同大学里会有所体现。

通识教育与专业教育之争

大型组织都具有演化特征，比如文明、城市、大学等等。基于它们的演化模式，我们可以较为清晰地分析这些大型组织的演化脉络，透过纷繁复杂的表象，判断一些新生事物和现象的产生意图与发展方向。

大学的初始模型非常简单。在早期较为独立的城市发展环境下，师生一起构建的原始大学具有一定的自治特征。早期大学的目标也相对简单，就是实现知识保存与传承，同时达到育人的目的。研习经典成为学生们主要的学习方式。学习内容包括当时较为成熟的算术、几何、天文学、音乐（自然学科）、逻辑、文法与修辞学（人文学科）。这些构成了西方通识教育的内容基础。

通识教育，英文叫 Liberal Arts。在希腊文中，Liberal 也就是自由，针对性很强，没有歧义，它主要指排除了奴隶、劳工或者工匠的自由人。因此，早期通识教育的目标非常明确，就是培养能为国家所用的自由人，这一过程更注重思考，而不只是知识内容。通识教育自大学建立之初一直延续到现代大学，内容逐渐丰富，但其重要性却一直在波动。随着时代的发展，奴隶消失了，劳动者和工匠的地位陡然提升，Liberal 的含义发生了巨大改变，这为后续定义 Liberal Arts 带来了非常大的困难，其内涵至今仍在被讨论。

Liberal 的内涵与内容可以发生改变，不过其存在性坚不可摧，毕竟育人是大学之根本，与研究院或者其他形式的研究机构大相径庭。

按照生物复杂性递增原理，大学教育模式会随着社会发展而发生进化。早期的低效率的教学与知识传承模式被社会诟病。科学主体也一直游离于大学之外发展，各行业的大师并不是大学的教师，很多也并不想加盟大学。

以洪堡1809年建立柏林大学为标志，科学研究成为大学的主体模式，现代化大学随之出现。研究型大学崇尚科研、教学与学习的自由，丰富了 Liberal Arts 的内涵，也随之对传统的通识教育内容产生了冲击。美国的研究型大学仿效柏林大学，但是其认为英国大学模式的传统比德国要牢靠。即使如此，通识教育与科学教育之争也从未停息，科学研究为主导的模式必然会损伤通识教育。

科学与通识教育的争论除了通识教育的本质定义发生改变之外，我觉得最大原因还是在于社会发展，思维丰富，知识体系大增，而人的学习时间基本固定。在有限时间里，人类经历了知识爆炸，科学与通识教育此消彼长，顾头不顾尾。

另外，新生事物的矫枉过正问题也不容忽视。民国时期，为了建设新型中国，很多学者恨不得把中国传统文化扔进历史。研究型大学挤兑通识教育的空间也不是不可以理解的。但是，就像骑自行车一样，车把需要左右调节，否则无法正常前行。

20世纪，洪堡与纽曼建立研究型和教育型大学的平行思路开始合二为一。此时，教育界对通识教育的内涵进行了深刻反思，拓宽了其内容。科学与人文并非对立，实用知识与通识知识同等重要。芝加哥大学时任校长郝琴斯在通识教育改革方面是一面跨时代的旗帜，他以恢复西方经典教育为抓手，把通识教育进行系统化，很好地弥合了通识教育与研究型教育的缝隙。

学术研究与通识教育合二为一是综合性大学的基础。

随着社会进一步发展，大学进一步演化，所需的能量与资源激增。社会与大学成为有机整体，提出相互需求，并双向促进反馈。大学招收了更多的学生，进行更大规模的科研，承担了更多的社会责任。至少在育人方面，通识教育再次受到实用教育的挑战。市场以多种模式深入影响校园，以毕业找工作为目标的学生比重逐年上升。

因此，基于过去小规模精英教育的通识教育模式，在面对规模较大的综合性大学时，就显得无力招架，坚守经典也成为被批判的对象。

但是，正是因为市场的介入，大学的内容进一步丰富，这完全符合生物演化的模式，并不以大学本身的意志为转移。过去几十年，大学愈加向公司管理模式转化。我并不反对这种行为，相反，我认为这是大学文化与公司文化相互交融的好现象。这为巨型大学正常运转提供了基础。

大学从教学型转化为科研型，然后二合一，形成综合性大学。市场的介入，扩大了大学的功能与内涵。市场化的竞争排名行为，使学校用地、教学、科研规模成为一个重要衡量指标，于是，大学们随风而动，为了拿到更好的大学排名，合并之风开始盛行。

进入新时代，中国的教育界走向理性与科学，也开始反思大学模式。

综合性大学面对飞速变化的新时代，显然具有一定的劣势。就像航

空母舰一样，如果没有一群护卫舰和巡洋舰护航，根本无法面对复杂的战场形势。

　　大学变得太复杂，权利与义务太繁多。于是，时代呼唤一批更为灵活的中等体量的大学，这些大学具有更为明确的任务。针对大学的科研、市场、教育等方面，开始出现了新型研究型大学、创业型大学、教育型大学等。

在每类大学中，科研、市场、教育这三种功能都会存在，只是侧重点和资源投入量不同而已。新型研究型大学面向高科技前沿，创业型大学侧重培养创业思维，而教育型大学更加侧重通识教育。这三种大学或者其他变种大学，其实都是对综合性大学的有益补充。至于是否也存在矫枉过正的问题，我觉得应该存在。

针对功能侧重点不同而建设的新型大学，其内部管理也会随之进行配套改革。体量小的大学可以部分实现民主化管理，而体量大的大学则以民主集中制为宜。

纷繁复杂的国际竞争，使通识教育本身就会打上本土化的烙印，不同国家的通识教育呈现百花齐放的现象。此外，已无法提供一个通用性的通识教育模板，早期以人文为主的通识教育已经过时，但是经典毕竟是经典，为人类灵魂演化提供了根基。科学的很多内容其实可以融入到通识教育本身。

科学知识的内涵也在逐渐扩大。传统的科学知识一般指自然科学知识。但是，科学融入了文科、理科和商科。创建一种新型的公司模式和运转模式，可能也算是一种新知识，通识教育边界变得模糊。

新时代的大学，通识教育本身会成为其重要理念和特色。要想在大学竞争中脱颖而出，比拼科研实力本身会进入误区，而且很多时候各司其职，专业方向不同，也没有可比性。但是，通过通识教育，培养出的人才质量和理念有一定的可比性。梳理出具有时代特色，具有本土大学特色、城市特色、民族特色，以及专业特色的通识教育体系，同时避免大杂烩现象，是新型大学必须要补的短板。

科学对高等教育的作用

万物都有两方面。基于这个论点，我们来探讨科学对高等教育的推动与阻碍。

早期的哲学家们往往会先得出一个基本结论，然后在此之上构建自己的理论大厦。比如，关于教育，卢梭和康德就定义人本来就拥有自由和理性。教育有强制的成分，因此，会扰乱人的固有自由，因此，提出了教育悖论。既然教育有强制性，那么削弱这种强制性，让有理性的人互相进行信息传递，让教育者与被教育者都理性地认知自我行为，可能就是教育的真谛，这成为费希特的某些思想根源。

这些早期哲学家与教育家的思维模式很有意思，这些理论现今看来都有一定的道理，都是在教育理论方面的勇敢尝试，为多维度教育体系提供自己的视角。

越是早期，人类越爱思考"人"本身。世界纷繁复杂，人类通过简化模式，建立模型来理解世界，并把这种思维传递下去，成为早期教育的主要内容。我们很清晰地看到，教育是信息传递。在形成这种模型信息的时候，往往需要建立一种类似于"纯兔子标准模型"。其实，经过教育，在我们心中往往都已经形成纯概念模型，在脑海中徘徊，让自己觉得已经理解。就比如兔子这个概念，每个人心中都有那一只标准的兔子形象，但是正如一千个人心中有一千个哈姆雷特，每个人心里的那只"兔子"也不尽相同。只要让大家都画一只兔子，就可得知其中的区别。这种纯兔子概念很重要，是大家互相沟通的信息标准。当你告诉我草丛中有一只兔子的时候，这种基本的纯兔子模型在起重要作用，虽然不够精准，没有描述这只兔子的细节，但是信息传递已经完成。

关于人对自己的理解，也是如此。我们建立标准的人性、道德等模型，并希望能够一代一代传递下去。这种模型，往往是早期哲学家和教育学家争论的主要概念。

西方教育为什么如此关注人性的解放？乃至于教育的标准纯兔子模型就是"教育几乎等于人性解放，让人成为真正的人"？

欧洲两次人性解放都和基督教会有关。第一次人性解放发生在文艺复兴运动前，那时黑死病盛行，上帝无法拯救世界，于是上帝走下了神坛，人们开始更加关注自我。第二次人性解放与欧洲启蒙运动有关，其源头依然是消除愚昧,"人性"再一次被提升。这时候的思想斗争对战双方足够鲜明,人性解放是时代的进步与需求。人们摆脱上帝的羁绊,能够站在思想前沿的这一波思想家,都是理性分析者。他们可以灵活地运用自己的大脑来思考,真乃人生幸事。

教育传承是必然被思考的重点对象,让自己的思想理论传递下去,也是文化自身的生命力的体现与需求。

当工业化浪潮开始奔腾,如何让教育促进社会进步是一个全新的课题。基于之前的人性解放成果,洪堡建立了科学占主导的研究型大学教育体系。此时科学还面带温情,它作为最有效的工具,平衡了实用与育人两方面的功能,科教融合教育成为新一代哲学家和教育家思考的对象。我相信,当他们发现早期科学,尤其是至纯的"科研兔"其实就是哲学时,一定欣喜若狂。科学与哲学原来是表兄弟,一家亲。

此时的科学,还没有充分发展。但是,科学是去愚昧的最直接工具,也是一种重要的思想。无论是日心说,还是后来的相对论、量子论等等,与其说是科学,还不如说是人类文明史中的重要哲学。如果科学总是这样带来思想上的解放与进步,同时满足人类生活需要,科学的确是人类找到的最棒的工具。但是,科学并不总是那个纯兔子。科学的发展无形中平行推进了技术的提升。早期,技术可以为科学服务,在研究技术和工程问题时,可以总结出很多科学问题。这种相互促进的模式,是理论科学与实践科学,也就是科学内部的相互激发。久而久之,文学与哲学变得愈发孤寂。随着时代进一步发展,理论科学,也就是基础科学方面的发展也滞后了,技术类方向大行其道,满足社会需求,培养应用型的社会急需人才,毕业就能变现的人成为社会的一种现实需求。

技术发展,一路狂奔,速度越来越快,与科学教育理念发生冲突。这种担忧其实在早期大学发展时,人们已经有所预料。当时的教育家中,有很大一类都十分排斥职业型的教育思想。教育面对的是让人适应将来的时代,创造新的时代,因为年轻人代表着人类未来。所以,教育不应该教育年轻人只适应当下。纯科研思想——也就是有助于哲学思维的这部分科学，是受欢迎的。纯技术的方向，大可不必在大学发展，职业学校可以承担。文理兼修，"成"人教育，这是大学出生时的最本质灵魂。

造成技术慢慢独大的因素之一是知识爆炸。基础知识越来越多，通识教育退化为要把数学、物理、化学、生物、计算机等等基础课全部囊括。大学里人的思考变少，通过上课高效地传递知识成为教育模式主体。本科生越来越不能直接承担大部分科研任务，研究生成为高等教育的标配，这无疑延长了受教育时间。同时，本科教育退化为高等教育的基础教育，而真正的高等教育则暗指研究生教育。这是早期研究型大学的加强版，重视研究生和科学研究，教育在科研中体现。高等教育的内涵发展，为现今大学本科生教育带来了很多困惑，缺少了对人性本身的深入思考，也给他们带来了很多不确定性和新的压力。

重视文理相融通教育，不是复古，而是人本身的需求。再好的人性理论也无法直接传授给学生。学校需要人文大师和科学大师，需要这两类人的充分融合，为学生做表率。

小学是琅琅的读书声，大学则是热烈的讨论声。

做有思想的科学，教有思想的学生。

通识教育在教育中的作用

笔者毕业于专业地质大学，地质课程本身也算是一种思想论，部分承担了通识教育的作用。但是，从体系上说，我并没有在大学期间接受过系统的现今流行定义的通识教育。但是，这并没有阻碍我在不同的领域进行思考，对人的内涵进行深刻的溯源，对社会发展进行自我合理的预测。

通识教育起源于古希腊对自由人（统治层）的教育。与之相对应的是对各级被统治人群的专业教育，因为这些人需要真正服务于统治阶层。因此，自由教育的本质是一种精英教育，具有一定的时代局限性。

当教育体系扩张后，为把传统的精英教育理念拓展到全体学生，就产生了一般性教育。从字面定义来看，一般性教育和通识教育本身也并不完全相同。

在教育史中，通识教育与专业教育进行了长时间的斗争与合作，就如同光的波粒二象性一样。到了1943年，哈佛大学发表了《哈佛通识教育红皮书》，二者终于在理念上合二为一，成为现代教育的共同组成部分，至少从理论上，打破了二者的壁垒和对立。由此，对通识教育的研究和实践，走入了繁花盛开的春天，也开出了五颜六色的花。

如果非要区分，专业教育让学生习得改造物理世界的能力，而通识教育，则让学生习得传承思想世界的能力。

人是一个非常特殊的物种，其特殊性在于形成规模巨大的社会体系。如果我们观察一个猴群，会发现猴子之间会通过相互梳理毛发的方式，加强沟通与情感交流。其实，早期小规模的人类部落也是如此。但是，当人类构建了城市，开展大规模集体活动时，如何统一思想，成为维持文明的最主要手段。于是，人类通过简化复杂的世界模型，产生某些共同的话题和理念，这成为构建文明的基础，比如，各种神话、宗教，以及道德体系。

稳定的可传承的共同话题和理念，是文明的基因。而通过教育传承这些文明基因，是所有文明花大力气进行的伟大事业，这也是人类和动物界本质的区别之一。

归根结底，在重要的教育阶段，通识教育会承担传承这种有益于社会稳定的文化思考模式，形成较为统一的世界观的责任。否则，培养的人就像天鹅、梭子鱼和虾一样，即使各有本领，也无法形成统一的合力，难以推动社会发展。从这个角度来看，通识教育于社会稳定发展万分重要。

通识教育的目标在于维持稳定的社会思维传递，其包含的思想内容设置要囊括几千年遗留和积淀下来的思想和经典。现今社会大力提倡创新，这与通识教育的目标看似有些矛盾。其实，如果大家都达成了"创新思维"，这本身就是另外一种稳定的思维模式。所以，创新本身可以成为现今通识教育的重要思想内容。

"通识教育"是一个至今没有完全定论且大家都能各自说一些道理的词。其理论纷呈，原因为何？

"通识教育"的内涵一直在演化，内容逐渐在增加，目标持续在外延，方法始终在扩充。所谓条条大路通罗马，有了通向罗马这个目标，所乘工具和形式、路线以及路程中的细节等则可以不同。如果再加上不同民族和国家之间的文化传统差异，更难以形成统一的课程体系。大家所讨论的内容和课程体系，都是"通识教育"这个集合的子集，造成理论众多的繁荣景象，也给通识教育的实施造成了很大的实践麻烦。

虽然不同高校和不同人思考的通识教育可能都是"通识教育"本身的子集，也都有一定的合理性和理论支撑，但是就如同宋词一样，同一个词牌下的作品，其艺术性和水平还是有高低之分的。同一个词牌，既可以被婉约派钟爱，也可以被豪放派拓展。

举一个简单的例子。有学者说，通识教育不需要花大力气去设计，只要找一些经典著作与文献诵读与研习即可。有学者则认为，系统地设计通识教育课程，更符合大学的本质，可以提高效率。为了避免单一化，进而可以分化出必修和选修两种类型的通识课程。

《哈佛通识教育红皮书》认为，通过系列课程，可以让学生获得"有效的思考能力、交流思想的能力、做出恰当判断的能力以及辨别价值的能力"。其实，大学学习只是教育中的一个环节，想通过几门课程就达到上述目标，有些过于乐观与简单化。在笔者看来，在这些能力之上，最为重要的是让学生获得持续学习的能力。要想实现通识教育的目标，绝对不能缺少将来学生跨入社会实践后经受冲击与考验的能力。这是一个长期的学习过程。因此，通识教育一定不能流于几门课程的知识本身，而是要让学生对人生有整体规划，对事业有热心，对获得知识感兴趣等

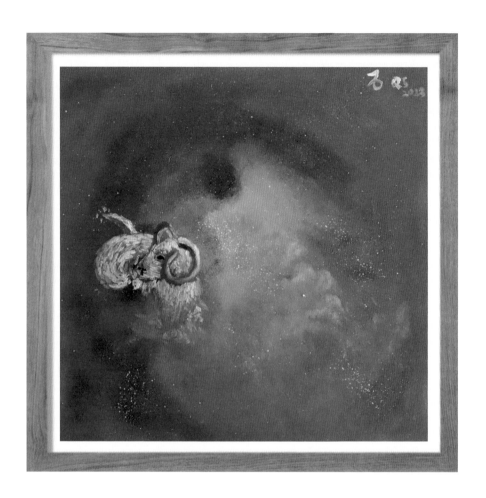

等，为长期学习打下坚实的思想基础。

在浩如烟海的通识教育体系中，一定要创建属于自己学校特色的通识课程体系，这是学生在学校层级获得统一标识的重要方法，并让学生以此为荣，这对于构建学校文化至关重要。

在教学方法中，除了通识教育本身，如果能在专业教育中穿插有关通识教育的知识，会事半功倍。这就如同织布，通识教育和专业教育经纬成网，才能织好一块布。

关于中国的高等教育，很多人批判过去中国高校没有通识课程，太过专注专业培养。其实，笔者认为，这失之偏颇。之前所讲，通识教育最为主要的目的是使学生产生较为统一的思维模式，成为有用的人。在这一点，中国特色的思政课程、中国传统文化的活力，以及中小学已经承担的部分通识教育，从整体上构建了另外一种大社会通识教育体系，培养"又红又专"的人才，还是非常成功的。"五讲四美三热爱"、德智体美劳，这些其实都是非常重要的通识教育举措。

只有充分认识西方通识教育的本质与中国特色文化体系，才能真正思考中国高等教育中通识教育的理念。

最后，我们总结有关讨论"通识教育"时，大家喜欢和常用的部分词汇，从一个侧面证实，大家只能构建一个通识教育子集，对通识教育进行盲人摸象式的构建。完美的通识教育体系，我还没有看到。

通识教育相关词语不完全总结：

针对人性：自由、高尚、德行、素质、素养、善美、理智、理性、感性、态度、人性、内涵、品质、身心、睿智、个性、天赋、特点、兴趣、悟性、习惯、闲暇、魅力、神采、美丽、健康。

采用方法：培养、陶冶、统整、嵌入、批判、平衡、转化、升华、融合、融通、启发、规范、承载、实践、发展、推进、调动、挖掘、崇尚、注重、剖析、珍惜、沟通、思考、培育、促进、健全、尊重、理解、熏染、滋润、交融、复合、创新、感化、欣赏、净化。

课程内容：伦理、知识、理念、思维、宇宙、境界、公民、文化、传统、做人、服务、价值、心灵、智慧、操行。

课程特点：广阔、基础、价值、和谐、积极、全面、完整、博雅、热情、繁荣、深厚、包容、丰富、多彩、深刻、技能、活跃、繁荣。

课程目标：真知、诚信、真行、完备、实用、满意、系统、灵魂、责任、和平、福利、合理、义务、权利、自强、成人、优秀、潜能、优势。

人类教育体系是在进步还是在退步？

关于"人类进步了还是退步了"这样的话题，一般都会分为两派。在物质丰富度和改造自然的能力上，人类无疑是进步了。但是在思想和教育方面，越来越多的学者悲叹，现代教育正在偏离真正教育的目的。科学带来物质丰富的同时，让人类精神和社会发展目标变得越来越简单。

如果把问题再聚焦到教育本身，依旧会有两派观点厮杀。一派认为，现代教育把握住现今时代的脉搏，为人类社会的伟大成就做出了巨大贡献。一派则与之相反，认为现代教育偏离了古典人文的精髓，功利化成为主流，培养出太多的拥有专门知识的"不健全"的人才。

如果让我二选一，会是哪一方？

我是一个坚定的乐观派和平衡派，基本上会拒绝任何一种绝对的理念。

古希腊成为众多人文爱好者的思想天堂。古希腊处于希腊半岛，属于地中海气候。非洲板块向北俯冲，造成地中海北部山脉林立，火山众多。古希腊的地形多山少耕地，养育的人口不多，于是只能以众多城邦的模式，培育着当地的文明发展。每个城邦的模式也不尽相同。这些城邦的人口数量中等，能够同时保障城市运行，并催生出各类足够灵活的社会治理模式。民主、自由与科学思想就在这种形势下产生。

科学最初就是一种思想，并未给希腊文明带来更多利益。即使是到了阿拉伯发展时期，科学也不是主流。科学的发展不只凭思想，它的成功需要强大的经济基础作为支撑。所以，直到西方大航海后，大量财富涌入欧洲，才开始了欧洲科学的大爆发。

科学与财富二合一，协同发展，创造了20世纪以来人类社会发展的奇迹，同时也带来很多前所未有的新问题。

科学的发展就如同人类在食物链中的发展。人类在很短时间内，跃升到食物链顶端，各种糖分和营养招手即来。这样的好处在于，营养足以让人类寿命的平均值达到七八十岁，但是，也带来了更多的代谢疾病，人类的身体还没进化到能够吸收这么多营养的阶段。科学带来的后果也是如此，人类在享受科技大幅度发展的同时，也还没有全面发展出限制和平衡科技发展带来的新问题的能力，比如控制温室气体、污染的增加，杜绝毁灭性武器的开发等等。

但是与古希腊的人类生活水平相比，现今人类社会一定被那个年代的人们羡慕。如果让他们放弃思考真理，来21世纪享受实实在在的文明与物质成果，我猜想大部分人肯定会来。至于苏格拉底、柏拉图、亚里士多德等"大牛"来不来，我不敢肯定，但是他们一定会思想动摇。

这里涉及一个最本质的问题，人与人类文明发展的原动力是什么？

与思想相比，人类优先考虑的是生存与发展。

与人类生存对立的是灭亡。从物种层面，人类作为一个物种，灭绝是必然，这是地球几十亿年物种演化清晰展示出来的科学论断。所以，物种灭绝就是一把锋利的达摩克利斯之剑悬在人类头上。从地球层面，巨大灾难层出不穷。只要时间尺度长一些，这种概率就会增加。如何保障人类这个物种能够持续下去，其实是写在基因层面的原始动力。

目前大部分人开始认识到，除了基因，文化或者文明基因也具有类似的意识。文明也会消亡，在历史上多次出现过这样的悲剧。如何保障文明的延续，也成了人类需要思考的重要问题。

在这两种生存压力之下，从社会层面，需要有力的工具维持社会与文明发展，保护文明成果。这包括社会结构和社会生产力。无论是思想体系，还是科学进步的实践成果，都是维护文明发展的工具。

作为独立的个体，一些智者先人在社会发展的大洪流之中，确实也发出了耀眼的光芒。在社会发展的某些阶段，一些智者总结了社会发展形势，并可以在一定程度上开发出一些超越时代的思想，成为后世统一的思想准则。之所以这样，是因为经过后世的大浪淘沙，这些思想恰巧能够维持人类文明的进一步发展，比如科学。

所以，目前人类社会流行的一些古老的思想体系（科学与自由），是与社会发展相匹配的选择结果。

人类社会的思想发展，也有一些基本内涵是相通的。所以，有些思想，无论是在西方产生，还是在东方产生，无论是几千年前产生，还是现今产生，都能引起全人类的共鸣。这些通识思想，如同"1+1=2"一样，是全人类文明可以共守的规则和宝库。

教育需要与时代发展相协调

教育的评判标准应该适应时代的发展，而不是固守陈规，蔑视时代发展需求。

容易被批判的教育现象基本集中在如下几方面：

第一，教育扩大化。尼采的《论我们教育机构的未来》在100多年前就开始关注这个问题。教育扩大化在社会整体文化提升的同时，丢失了教育的本质。学校更像一个流水线工厂。

第二，教育功利化。对这个问题的批判更是举不胜举。无数学者痛斥，以赚钱和找工作为导向的教育是失败的体系，培养的不是人，而是知识机器。

第三，教育国家化。教育机构逐渐失去最初的独立体系，成为国家治理的工具。

与之相反，如果全社会的教育是小规模、精英化、人性化和独立化的，立刻就会感知到，这与社会发展需求相去甚远，这样的国家和社会体系可能会面临被淘汰的危险。

我们常常批判科学开始固化，需要大量资源来支撑科学的发展，大型仪器动辄上亿元，甚至上百亿元。于是特别怀念20世纪初人才辈出的年代，痛斥现代教育的弊端，为什么出不了这些大师？

其实，如果回顾古希腊，其科学精神和自由精神经过几千年的发展，才在人类社会中开花结果。现代物理的发展，也是科学发展了几百年后，才产生了井喷，这些都需要时间积累。

我并不认为中国人缺乏科学精神，不懂科学的内涵，只重视科学发展结果。相反，中国人的天人合一思想与现代科学发展的融合，恰恰是我们的优势。这样才能到达一种折中的平衡。我也并不认为中国的教育体系必须要回归传统时代。相反，中国的高科技与信息化发展会催生新的教育模式。只是，这需要一些时间，需要一些耐心守候。

相信几百年后，后世一定会为20—21世纪人类的科技腾飞而点赞，对适应科技发展而做出的教育尝试与努力而做出肯定。毕竟，人类确实在向前发展。

第八章

科学与创新的本质
是什么?

科学的定义与内涵

在高科技时代，人们的生活方式发生了翻天覆地的变化。作为时代特征，高科技正成为人类文明的重要组成部分。为深入理解这个时代，精准把握时代脉搏，我们需要理解科学的内涵，这样才能与新时代共荣，与新文明模式共处。

大学期间是大学生构建自己的基本知识体系，为后续科研打下坚实基础的重要阶段。我们只有先了解科学的内涵，才能了解自己的知识体系需求。

20世纪的科学启蒙书《十万个为什么》以及《小灵通漫游未来》让我印象深刻。当时小学课本第二册第21课的主题是《丁丁和小飞机》。讲述的是丁丁坐着小飞机，来到21世纪，走进一个科学遍地开花的年代，给我的心灵带来无限憧憬。我心中早期科学家的形象有如下几个特点：白胡子、戴眼镜、白大褂、桌子上各种化学仪器，具有相当神秘的色彩。当走上科学之路后发现，科学家其实也不必有白胡子。

"科学是什么？"

大部分人会立刻联想到机器人、宇宙飞船、奇形怪状的科学仪器、五彩斑斓的海底世界、远古的恐龙，甚至可以立刻联想到爆炸头形象的爱因斯坦。每个人心中都有自己的科学概念，甚至有代表自己理解的科学图腾。

人类早期没有科学这个概念。古希腊人的词汇中有"哲学、爱和智慧"。中华文化中则有"格物、天理、大道"。Scientia一词在中世纪早期出现，表示对自然的认知，相当于"格物致知"。在明朝万历年间，利玛窦（Matteo　Ricci）把Scientia一词引入中国。他和徐光启在翻译西方文献时，把Scientia一词称为"格物穷理之法"。日本明治维新时期，福泽谕吉把Scientia译成了"科学"，也就是分科之学。康有为在《人类公理》一书中，借用了科学一词。后来严复也沿用这个说法，把英文原著里的Science直接译成"科学"，并沿用至今，成为中国现代文化主流说法。

科学这个词的内涵随着时代在逐渐发展完善，具有动态演化的特征。仔细分析，它具有如下几个基本内涵：

首先，科学不是真理。科学是人类在现有的观测认知下，对世界运行规律提出的合理解释，具有很强的实践性和局限性。比如，地心说在当时能够满足对当时已知天体运行规律的基本解释，也能够指导人们的生产活动。万有引力定律对慢速世界的描述非常准确，但是在高速世界则被相对论取代。地心说和万有引力都是科学的认知。但是，事后证明这些理论不完全正确，存在局限性。即使是目前的书本知识，我们也不能把它们全部当成真理。只有敢于合理怀疑的人，才可能在蛛丝马迹中发现新的理论，让科学不断提升。

其次，科学是一个知识体系。就如太阳系和银河系一样，不同的知识间组成一个体系网，学科之间互相交叉、互相融合、互相碰撞。比如，天文学不只是简简单单地观测星星，而是物理学、化学、数学等知识共同支撑的结果。没有物理学，就没有哈勃望远镜和射电望远镜，我们的视野走不出银河系。没有化学，我们就不能确定各种行星上的物质。没有了数学，就更无法建立各种复杂的模型，对未知的宇宙进行预测。

科学是一种态度、方法、观点。培根提出了科学的思考模式，相当于是一种爬高山的思维，先有稳定根基，然后一步步逼近真理，从具体到抽象。而更早期的思维像下坡，先占领一个制高点，然后往下走，从抽象到具体。不要小看这种思维方法的改变，人类对世界的认知逐渐从模糊到清晰，知识可以逐渐升级，逐渐积累。人们学会了批判性思维，

促进认识的不断提升。反之，在旧有思维框架下，一个观点能够占据人类思维上千年而没有人去怀疑。

科学是一种社会活动。人是社会的人，人类早期的思维活动要满足社会需求与发展。与尼安德特人相比，智人最大的优势不是身体素质，而是社会组织能力，并且这一能力在目前的全球化浪潮中更加固化与强化。每个人的力量都微不足道，但是他的传递效应和放大效应，常常会有意想不到的效果。谁也不会想到萨拉热窝的一个小小的热血青年竟然点燃了世界大战的导火索。谁也不会想到丘处机路过牛家村，竟然引出这么多后续情节。所以，科学成果可以打上科学家的个人标签。科学家可以足不出户，自己在实验室研究，但是其成果必然要公之于众，就如百川入海，科学的归宿必定是融入社会的整体。

科学是一种建制。可以把科学想象成为马其顿方阵，其矛头指向可以理解为科学的方向，整个军团以阵法的形式存在，军队以建制存在，这样才能达到最佳效果。这无疑贴合现代科学的特征，很多时候，单打独斗难成气候。但是过分强调建制，强调团队，以牺牲小我而成就大我，以牺牲弱势科学家的利益成就所谓大科学家的皇冠，就远离了科学的本意。

科学是人类对自然认知的态度。人类正以前所未有的速度来窥探自然的奥妙，然后加以利用，这加速了人类的演化，但是不知道其演化的终点在哪里，这又非常危险。速度快并不完全是好事，在悬崖峭壁前，路可能非常平坦，快速向前，前路又不明，来不及刹车，结果就是掉落深渊。既然科学是认知自然的一种态度，人类社会的整体认知发展就要均衡，对人类社会的传统思维模式要重视。

科学概念的内涵非常广泛。科学并不是一个一成不变的概念，目前没有百分百准确的定义。我们经常如盲人摸象一样，只有通过了解科学不同层次的内涵才能逐渐认清科学的全貌。即使如此，我仍认为科学最基本的特征是可重复性，科学精神的核心是创新精神。我相信随着科学技术的提升，人们对科学会有更新的理解。但是，抓住可重复性和创新性这两大特征，可为我们具体的科学探索提供重要指导。

面对科学的上述主要特征，我们可以提出如下针对性的策略，科学地学习与工作，学习真正的科学思维。

理性的批判性思维

既然科学不是真理，就需要我们具有理性的批判性思维。我们从个人处事和科学思维两个角度来加以论述。

批判思维与批判性思维有着完全不同的效果。批判思维类似于否定主义，喜欢把自己放在前面，这样才能凸显其主角光环。总体而言，这是一种不成熟的思维方式，是逆反心理的一种具体体现。或者说，总是看到并放大一件事情的5%缺点，而无视95%的优点。

学生与学校之间的很大一部分利益和思维冲突，其实就来源于此。从学校层面，需要在现有资源的总体盘子下，分配学生能够享受到的利益，包括宿舍、食堂、教室、奖学金名额、推免学生数目、培优生名额等等。但是，很多情况下，学校资源未必足够，同时还需要考虑不同年级和不同专业之间的差异。学校要发展，也会在原有的一些资源分配上进行变动。此外，大学的一些政策还会受到国家和地方政策的宏观调控，具体执行到校级层面，有时也会发生对部分学生的利益考虑不周的情况。

通过系列阐述，我们得出的一个结论是，学校的管理肯定不是完美的，并不能百分百照顾到所有学生的方方面面。比如，不同年级的同学会入住不同的宿舍楼，内部装修可能不一样，如果横向对比，就会产生心理落差。其实，不只是学生如此，哪怕是教授们的利益也可能会和学校整体发展利益之间出现一些不协调。比如，大学教授的子女入学和学区学生名额限制问题等等。

面对个人利益和集体利益的冲突，我非常赞成批判性思维，而非批判思维。前者可以在充分考虑95%的整体利益情况下，批判性地解决剩下的问题。而后者则会忽视大局，突出5%的冲突。提出建设性意见的思维，通过协商来解决一些特殊利益关系的模式，对学生和管理者都会提出要求。这样才会形成一种良性的互动，相互理解，在成熟的应答框架下解决问题。

创新的源泉

在科学上，批判性思维是创新的源泉。我们很多时候很难推倒重来，想在原有工作基础上进一步创新，是一件非常难的事情。但是，这又涉及另外一个问题，批判性思维从何而来？

所谓"欲速则不达"，为了创新而创新是非常难且成功率很低的一件事情。我们需要坚实的基础，才可能避免造出空中楼阁。没有调查就没有发言权，没有坚实的知识基础和分析问题的能力，就很难真正具有批判性思维。所以，我特别建议同学们能够把最基础的知识学好。

批判性思维也是创新思维的基础，创新思维是激发批判性思维的动力。二者纠缠在一起，有时很难分清谁先谁后。但是，其矛盾的汇聚点就是善于找出科学的不完备性。

创新是这个时代最时髦的词之一。从商业体系到教育体系，创新活动深入社会方方面面，风风火火。可是，细究创新内涵，大部分人又陷入迷茫。越是思维成熟的人，对待创新这个概念就越谨慎。因为，创新很复杂，创新并不易。

"创新"和"科学"一样，同属于社会型词。这类词只是一个符号，把其相关的演化和拓展内容全都包含进来，它们具有非常强烈的时代特征。在不同年代，其内涵可能并不完全一样。所以经常会发生两个人好像在讨论创新，但是极可能"此创新"非"彼创新"。

为了区分创新的内涵，人们又会习惯性地在前面加上定语，于是二次开发，就像有专门研究科学的学科，形成了创新的创新。对于一个商品流程，变成了产品创新、流程创新、定位创新和模式创新等等。在教育体系，就变成了未来教育、创新教育、创客教育等等，不一而足。

人们为什么对创新要趋之若鹜地追求？

"大脑供养"这个概念指出，人类的发展最终满足于大脑的精神活动。大脑思考的倾向性在于认知梯度，可正可负，总之就是不能一成不变。只要大脑的信号变成了整齐划一的模式，人其实就进入了催眠或者麻醉状态。在时尚界，我们经常发现复古行为，把几十年上百年前的时尚重新翻出来，当成新时尚，这就是为了变化而变化形成的创新。在创新思路下，人类不断探索，乃至于地球都容不下，要去火星，这不完全是为了寻找新资源，很大程度上是为了拓宽视野，满足大脑的好奇心。

创新，或者说改变，是人类的内在本质需求。在第一需求，如衣食住行满足后，就变成了如何更好地衣食住行。如果再高一个档次，就变成了纯粹的精神追求，比如个人悟道。人类目前整体还处在如何更好地衣食住行层面。

创新为什么这么难？

虽然创新是人类文明的一个基本需求，但是创新非常难。空气和水的性质稳定，而创新则不稳定。随着知识体系和前期创新的积累，创新不再是时间的线性函数，只有达到某个临界点，跳出固有体系，才能跨越式提升，在新的数值区间发展。所以，创新最难的地方在于积累，创新过程极为缓慢艰辛，非常考验人的意志。因此，创新本身还夹杂了对人性的考验。如果把创新比喻成春天破土而出的漂亮嫩芽，那在寒冷冬天中的一路坚持与忍耐，才是创新的灵魂和根基。

创新需要大量的能量供给，这里的能量泛指各种资源的投入。一个新生事物要想成功，必须具备天时地利人和。过早或者过晚，都未必成功，这种例子举不胜举。能够成功的创新只是少数，大部分都没有回报。如果没有大量的资源和能量支持，创新活动很难持续下去。

创新本身具有双面性。创新就意味着突破和改变，如果只是提升，最好定义为改良。而这种突破是否与现存环境适宜，就需要时间来考验。很多时候，创新的事物很难存活。

创新本身会导致功利化倾向，也就是为了创新而创新。突破很难，尤其是科学发展后，各个方向都有大量专家不停地思考。自己想到一个好点子，一查文献，别人已经涉足。为了找一个好想法，抓耳挠腮，心

浮气躁。这在创新活动中是最常见的一种心态，欲速则不达。

创新之于教育，必须先考虑到创新的上述种种特质，就不会以为创新是一个随手可摘的红苹果，咬一口沁人心脾。创新教育的最大着力点在于想去创新的人，要先知道如何种树，培育好根系，找对品种，经过精耕细作，最终才能品尝到创新的果实。否则，就很容易陷入创新的陷阱。

创新是一个过程，是一个体系。培养创新思维是核心要务，创新活动是创新过程和体系中的实践。

创新教育具有复杂性和艰巨性，走马观花，流于形式，会给涉世不深的创新者造成不好的初始印象。但是举步不前又会犯另外的思维错误。在创新教育中，我们最要遵守的就是服从创新规律。创新教育者首先要戒骄戒躁，不能忘记"不积跬步，无以至千里"这个基本思想理论。

面对这种复杂性和艰巨性，正确应对创新教育，首先要有耐心，用全过程的思维去细心引导，逐层逐级去培养。切不可简单地把知识体系大规模下移，让低年级学生系统学习高年级的知识，看似有成果，其实是在违背发展规律。

所谓全过程培养就是从低年级开始引导学生的创新理念，而非灌输庞杂的科学知识。让学生顺利成长，始终保持爱学习的态度与方式，对科学有清晰的认知，对自己有着较为稳固的理想与未来设定。

关于创新教育，要重视基础教育，不能专门建造创新教育的空中楼阁。如在教育体系中引入各种新奇的说法和手段，包装起来形成一个所谓的创新体系。实际上，其教育的根基不稳。

创新在于润物细无声，需长时间浸润，耐心引导，螺旋式上升，逐步走入知识系统，并且保持愉快的学习心情。创新是肥沃土壤中最后必然长出的花朵，而不是强行移栽的一朵无根的花，后者看着光彩鲜艳，但很快就会凋谢。创新，很多时候好像是在考验知识，但其本质是考验人性。

第九章

新时代教育为什么要革新?

社会环境与高等教育变迁

生物演化与灭绝的故事，在地球演化历史中，层出不穷。大熊猫是我们能感觉到的一个生物与环境演化的缩影。国宝大熊猫，憨态可掬，曾经的野外强者，在环境突变的今天，几乎濒临灭绝，需要被人类保护才得以生存。生物灭绝，无外乎两个原因：第一个是自身进化到误区，迟早会被淘汰，比如剑齿虎；第二个是，虽然自己很强大，但是外界环境演化造成的压力超出了它们的抵抗能力，被环境压垮，比如恐龙。

大熊猫刚好处于这两种状态中间。首先，大熊猫的祖先虽然属于肉食动物，至今还保留了尖牙利齿，但是，它进化到以竹子为食。我们不能说大熊猫的进化策略完全失败，靠每天吃大量的竹子，它能存活至今，说明还是成功的。

环境变化是大熊猫生存压力的主因。这又分为自然变化和人为因素导致的变化。如果只是自然变化，生态环境有规律地变迁，大熊猫能够适应，因为在过去几百万年中，这种情形发生过很多次，我们的古人类也经历过相同的环境演化模式。可是，当一万年前，大地回暖，各种动物要欢呼美好日子即将来临的时刻，人类开始了农业生产。人与自然之间的竞争，极大地压缩了一万年以来自然生物的生存空间。

我们再看那些目前生活得很滋润的动物处于什么状态。仔细分析，大致有这么几种情况。第一种是几十亿年来一直存在的细菌和病毒。在任何环境中都能找到这些物种的身影，外界环境可能影响局部的生存，但是不影响物种的生存。第二种是适应能力极强的小型动物，比如蟑螂，曾经与恐龙并存于世。第三种，拥有广阔的活动空间，比如鸟类和鱼类，可以在自然中腾挪。第四种，就是适应了人类，并和人类达成某种生存协议的物种，比如家畜和宠物。猫和狗会和人类一直友好地合作下去。

物种要生存，要么抵抗环境，要么适应环境，几乎没有更多的选择。

这种现象，不只在生物界存在，在高等教育体系也存在。比如之前讨论的通识教育就与此类似。通识教育在面对大学外部环境与需求压力的时候，没有寻找到很好的对策，就会成为大学中的大熊猫，需要被保护，才能得以生存。社会环境已经变化，固守过去教育的陈规，就会变得不伦不类，既无法保障传统教育的精华，又不能适应时代发展的新需求。

此外，地理与经济对教育模式的促进与制约，对教育理念的影响更不容忽视。中国科举制，自明朝以来出现南榜与北榜，以平衡南方与北方的人才比例，否则江南才子将全面胜出。这其实是由当时的经济和社会结构决定的，经济基础决定上层建筑。

这种现象在目前的中国可能也在悄然发生。南方处于经济发展与改革开放的前沿，经济腾飞，比如大湾区等经济发达地区，正在形成以高科技为主导的发展模式，大地理集成、大经济圈衔接、国际化接轨、对新型教育人才的需求等，都在催化新的教育模式，这些需求会对教育体系产生作用，使南方的教育思维模式悄然发生改变。在新工科、新文科等方面，南方可能会比北方走得更远。

在新世纪，最怕固守成规的教育理念，抱着传统的大学定义，以过去大学发展经验来约束新教育体系的思路，不愿意张开怀抱去融合社会资源，不以全新的教育思维去为将来几十年的社会培养人才，这会出问题，这些都需要仔细思考。

20世纪与21世纪相比，社会发展相对慢，周期为几十年。21世纪社会发展周期大为缩短，每5年就有翻天覆地的变化。我们的教育体系无法全面跟上这么快的发展速度，随时去修改大学以及教育模式也不符合大学的稳定性需求。但是，不设计出相应的对策，让大学的稳定性与社会的快速发展性之间达到某种平衡，大学就会受到强大的社会压力。

社会环境变化对高教研究提出挑战，我们需要针对未来社会与教育模式进行深入研讨，高教研究也要以史为鉴。我们应该有前瞻性，培养未来人才，提前布局，以不变应万变，同时也要有灵活的机制，你变我也部分地变，促成大学与社会协调发展。

大学与政府的互动

大学去行政化，在很多论文中被认为是大学管理改革的灵丹妙药。很多学者认为，因为行政化的存在，大学存在种种弊端。比如，行政化会妨碍大学作为学术组织和教育机构的独立性，使大学变成政府的一个下属部门。

我们现在提出两个问题：

（1）中国的大学具有自己的行政特色违反大学发展规律吗？

（2）大学去行政化一定是最佳方案吗？

这涉及政府与大学之间的相互关系以及大学行政化的由来与发展趋势。

我们先谈第一个问题。在欧洲，随着城市化发展，大学的初始建立具有很强的独立自治特色。大学并不是社会的核心，因此，也并不被政府管辖。大学最大的转化发生于德国柏林大学的建立。普鲁士战败的悲观情绪，以及民族振兴的需求，为德国大学的发展赋予了新的使命。研究型大学因此而建立，其主要特征就是要通过科研创造知识，提升教学水平以及服务社会的能力。在洪堡等教育家的坚持下，政府对大学的直接管理较弱，大学自治的特征很强。我觉得这有如下几个原因。

首先，柏林大学的建立处于传统大学与研究型大学的转折点，传统大学的自治体系还具有惯性。其次，研究型大学刚开始建立，还没有全面散发光芒。另外，创新知识体系还刚刚构建，政府资金等资源注入有

限，大学的体量适当，大学的结构也相对简单。因此，并不需要政府直接参与，也能很好地运转。

　　1949年新中国成立后，与柏林大学一样，中国成立的现代化大学一样具有厚重的历史使命感，那就是全面服务于新中国的建设，尽快培养人才，使中华民族屹立于世界之林。

这个使命如今过时了吗？显然没有。中美贸易摩擦、西方对中国的全方位打压、中华民族崛起的奋力拼搏，到如今交织在一起，使中国从意识形态、全民族的统一意识、科技成体系提升、社会与经济稳定发展、大量人才的需求等方面，对大学提出更高的要求。

可以这么说，大学有其固有的特征与发展需求。但是，在上述历史使命面前，大学必须服从整体社会的发展阶段与环境，以促进民族发展，提升国家整体实力为最高目标。

通过以上分析，我们可以做一个新的假设。自柏林大学建立以来，如果政府不介入大学管理，大学会不会主动寻求政府的部分介入？

我想，这个答案是显而易见的。大学要想成为社会的中坚力量，获取政府资源，拓展自己的生存空间，提升社会影响力，必然要与政府达成某些协议，在几十年到百年尺度上，逐步让政府介入。或者说，类似于某种相互驯化的过程。一个完全独立的体系，无法在大环境演化中独自生存。

美国的文理学院就是一个很好的例子。早期的文理学院类似于一个封闭体系。但是，现如今的美国文理学院，开始与大学联合，某些文理学院也开始开设一些实用性的课程和项目，甚至也开始培养研究生。按照这个趋势，将来一定会出现某种大学——文理学院的综合体，扬长补短，相互影响。只是，我无法预测这个演化的时长。

所以，放在一个较长的演化体系，就可以清晰地发现，之前较为独立的大学与政府一定会逐渐融合，达到熵增的结果，这不以个人意志为转移，只是在不同国家，还有历史环境等额外因素的影响，大学与政府的融合度会有所不同。比如，美国的大学，其形成历史与中国不同，大部分私立大学通过基金会等形式，已经筹集到足够的发展基金，不那么依赖政府的投入。但是也有相当一部分私立大学经费紧张，与政府资源的深入联合迫在眉睫。

综上所述，中国大学的建立，从一开始就有政府深度参与，一方面与历史发展趋势并不矛盾。另一方面，也确实有历史需求，并取得了相应的目标和效果，在将来很长一段时间内，还将继续承担这样的历史重任。

我们还可以从另外一种思路去理解。中国在计划经济和市场经济中找到了平衡点，极端的思路肯定会有弊端。而一种平衡的思路，有助于吸纳两个端点的优势，这也是中国经济在全球经济中看起来较为独特，但是又符合经济发展规律的原因。

大学治理结构也类似于这种思路。当我们的经济开始强大，政府对大学的管理也开始逐步考虑其特殊性和自身的发展模式。类比于计划经济和市场经济的平衡点，大学也开始寻求政府管理与大学自身治理的平衡点，赋予大学更多的自治权和灵活度，这在很多的新型大学中得到了体现。

中国一些大学的发展现在处于逐步弱行政化阶段，但是没有到去行政化的阶段，这个阶段估计永远也不会到来，因为完全去行政化就到达了另外一个极端，与历史发展并不匹配，属于一厢情愿的思维方式。

这就是我们要思考的第二个问题，真的全面去行政化，对目前的巨无霸大学意味着什么?

在研究型大学早期发展阶段，科学刚起步，科学体系还没完全建立。此时的大学独立发展，在各个领域都能发掘到知识的金子。在今天的科学体系内，这种历史背景已经消失，科学已经到了攻坚克难、啃硬骨头的阶段。科学家们都很苦恼，如何才能像牛顿和爱因斯坦一样，去拥抱科学的树干，而不是在一片片叶子上面，像蚕一样啃食。科学的独立发展与科学体系化发展必须合二为一。在这种情况下，大学需要的人员与资金量极大地增加。在科学无法大踏步前进时，增加社会的服务功能，解决社会之需，是大学的灵活之举，也是今后很长时间内的重要责任与目标。

因此，大学必须与政府和社会深入合作，才能保持其坚实的社会地

位。大学去行政化，与历史发展不符合。适当保持行政结构与思路，是大学与政府合作之间的黏合剂，或者是两种体系之间的交流方式。

在具体的大学与政府合作模式上，有很多值得探讨的空间。比如政府官员进入大学理事会，通过顶层设计，打通政府与大学之间的思维壁垒，让大型资源注入与管理保持一致。在行政人员上，政府与大学特定部门之间的管理人员互通，形成管理上的充分理解，而不是各扫门前雪，互不相识。在大学特定的管理内容上，保持大学的独立等等。

总之，任何两种体系之间，都需要互访，需要信息交流。

　　中国的大学无论是从历史背景、历史使命，以及文化约束等方面都不同于西方的大学。虽然都叫大学，但是其各自特点却很分明。中国的治理模式，在全球化的今天显示出优越性。在我们自己的教育体系中，也应该充分认识到，中国的教育模式正走在一条康庄大道上，有自己的鲜明特色，为全球高教体系建立了自己的独特模式，丰富了教育体系的内涵。

　　双向看问题，是我们保持头脑清醒和建立自信心的重要方法。不要总是想着去对比模仿西方的教育体系，我相信，随着中国经济和国家实力的进一步增强，中国的教育体系会慢慢改变世界教育版图。

中国教育体系的变化

　　相比较于西方的大学，中国大学的历史较短，但是也深刻地受到时代发展的冲击。20世纪90年代以前，中国的高等教育与科研主体主要由大学和中国科学院及一大批部属研究院所承担。一些专业大学与各部委衔接，主要培养专业人才。到了90年代，形势发生转变。在有限资源条件下，国家资源调配政策出现重大调整。比如，1994年中国科学院的"百人计划"以及国家基金委的"国家杰出青年科学基金"，都是为了集中资源培养一批优秀的学术骨干与学科带头人。随后，这种思想拓展到对整个大学体系的建设。1995年，中国启动"211工程"，目的在于先重点建设一百所高等学校和一批重点学科，国家和各级地方政府给予相应的财政支持。在"211工程"的资助下，一批大学的科研条件、师资力量与学科体系快速提升，研究能力也随之加强，科研型大学的提法也就顺势浮出水面。

　　有了"211工程"的投资基础，国家的视野更高更广，对大学发展也就更期待。1998年5月4日，时任国家主席江泽民在北京大学百年校庆时正式提出中国要有国际一流大学。根据这个指示，国家又出台了"985工程"，继续为高校发展提供动力与资源。有了仪器和设备上的硬件更新，大学迎来了科学的春天。与之相对应，1998年，中国科学院也启动了知识创新工程，启动了学科组制度，类似于PI团队制度。通过知识创新工程，中国科学院的整体实力也极大地增强。从此中国科学院与大学互相呼应，人才流动也趋向合理。

2000年后，社会对大学的招生模式、行政运行管理等都提出了新的要求。在这种大时代背景下，出现了南方科技大学、上海科技大学、西湖大学等一批新型研究型大学。

新型研究型大学的产生背景

> 经济基础决定上层建筑，
> 外部环境推动内部变革，
> 内外联动催生新型体系，
> 时代革新提供潜在机遇。

物质在不同的时间尺度上，会体现不同的性质。比如，岩石是固态的，但是在地球内部，比如地幔，岩石是流动的，只不过时间尺度以百万年计。一些新奇事情的出现，一些历史节点的爆发，在偶然性和必然性之间徘徊。看似偶然事件，放在历史长河中，就会有很强的必然性。

新型研究型大学的出现就具有这种偶然性和必然性的特征。

餐馆、医院和大学都是神奇的机构。这几种形式经过时间的历练，一直在发展和进化，但是也具有非常强的传承性。这三类机构代表人类的最基本需求：饮食、健康和教育。即使到了21世纪，这三个话题，也占据了人们日常生活中所关心的绝大部分内容。

仅以大学为例，大学的主体任务为创造与传承知识、培养人才、服务社会，这三驾马车几乎稳定下来，是一个大学的基本标配。随着时代的发展，这三个主要内容的权重会发生变化，带来了大学所谓的多样化。

在知识传承这方面，由于加入了研究这一内容，大学从传统经典知识传承，过渡到传承与新知识创造相结合。在人才培养方面，其内容与形式也发生了翻天覆地的变化。在社会服务方面，大学从知识服务和人才服务，慢慢过渡到对社会经济和健康等进行全面支持。

这种演化中，很多大学走在了前列，极大地拓宽了学校的内设机构和业务，变成了所谓的巨无霸大学。治理这种大学并不容易，没有一个校长能够全面掌握校内所有的业务类型，这对学校内部治理也提出了挑战。

巨无霸大学需要的是强大的资金支持，除了政府拨款、学费、科研项目、校外捐款等来源外，学校必须具有很强的企业收入，比如医院或者校办企业等等。在某种程度上，这种巨无霸大学的校长更类似于大型公司的CEO（首席执行官），如果非要加个词来形容这种大学，可以叫创业型大学或者企业型大学。

学校资金需求上涨，同时还伴生内部运行效率的降低、机构臃肿、平均花费的增加、学费的上涨、施加给政府的压力、市场变化带来的不确定性等等。目前高教界基本上达成了某种共识，时代发展了，21世纪的整体局面变化了，大学是时候要有所为了，进行相应的变革，以适应时代新的需求。

大学的新思考包含几个层面。

（1）大学对培养模式的思考。几个世纪以来，教学与科研相得益彰的模式成为主流。在本科生培养方面，以教为主，以科研带动教学。而在研究生方面，则以科研为主要引导，教学相辅导。这两种教学基本上都是在有限的时间内完成学习目标。当然也会造成一部分学生由于各种原因无法完成目标。

在新理念下，在大学传统模式的基础上，是否有新的以面向未来的、以学习能力为主导的模式，达到适应未来的目的？终身持续学习的能力，配上持续的大学支持，或许能够改变我们的培养思维模式。把学生和大学的衔接从4~5年，演化成某种终生的衔接，在不同时期赋予不同的学习方式，持续培养人才，这在信息时代、网络时代实现起来有一定的可行性。同时，终身学习的校友还可以为大学的知识体系提供反馈，因为他们在实际工作中的经验和新知识，要比大学更加贴近前沿需求。这种大学与外围知识的双向互动与联系，是构建大学新型知识体系的一种新思路。

（2）社会对大学开放性的新定位思考。所谓开放性，也就是需要大学对日益快速变化的社会进行及时反应，并加以调节，达到对社会需求的内外压力平衡。社会变革、经济需求、科技发展等等都是不容忽视的强大社会力量，这些力量组合起来会对大学产生深远影响。

中国的大学在面对世界新经济格局时，对解决国家难题、突破"卡脖子"技术、领军世界科技前沿，有着强大的动力与压力。虽然压力也就是动力，但是，如何从传统的管理模式和思维模式中走出，还有很长的一段距离。这就类似于，我看到了月亮的美好，也想到了乘坐火箭飞到月亮上面，可是如何造火箭、如何组织这一伟大的工程才刚刚开始。

这种压力对于传统大学非常明显。传统大学，尤其是巨无霸大学，内部管理已经很复杂，牵一发而动全身。要想在短时间内构建一个新体系，以适应时代发展带来的压力，非常不容易。就改革本身，大家想要达成共识，都需要很长时间的讨论和不同思路的交锋，更不要说去具体实施了。

举个例子，大学要不要和外界资本达成真正的战略共赢？这听起来很好，但是很难实施。一般院校很乐意和公司直接合作，按图索骥培养，签署直培生，毕业就有工作。但是著名大学发展的是学科，而不是为某一公司服务。于是，这些大学会成立未来学院，发展面向国家和学科的高科技，而不会成立外部公司深度参与的产业学院。究其原因当然包含了大学的文化传承和自尊，但是也无形中削弱了大学与产业之间的联系。

如何平衡大学与未来产业之间的关系，是一个非常值得研讨的话题。我的观点是要采取平衡的想法。面向一个产业，从中提取科学的部分，由大学来推动，而不是以直接为公司培养毕业生为目的。可以引入公司的前沿思路与课题，或者作为实习基地，作为知识的落脚点，但是绝对不能培养短期的技工。

所以，大学与外部资源之间的协调关系，会是大学变革中不能忽视的难题。

（3）大学的本质要不要进行取舍。自大学发生变革以来，以往采取的都是加法模式。比如从传统大学变革为研究型大学，增加了研究的比重。其后，综合性大学增加了学科的科目。综合研究型大学把研究生教育的权重进一步加大。之后的创业型大学开始发展自身的企业等等。当

然，在增加项目和内容的同时，也会调整不同业务模块的权重。但是，大学总体上保持了一脉相承的基因，在基础育人育才、产生创新知识、增加社会服务等方面取得平衡。体现在教学方面，就是通识教育与专业教育之间的平衡拉锯。体现在中国高等教育体系里面，就是部属专业大学向综合性大学的转变。

未来的大学是否会在大学的本质上进行突破？比如进一步弱化本科教育，把权重更加倾向于科研与直接促进城市 GDP 发展？这个和传统的研究院所增设教育功能有无最终融合的趋势？再比如，全面打开大学的传统之门，让产业和资本在大学发挥更强大的作用？

这样做也不乏其道理，大学会变成一个极其重要的战略平台，科技、教育、资本、金融、市场在这里融合，智力资本和金融资本在这里碰撞出火花。我猜想，这样的平台会很活跃，产业的上下游全面连接，人才流动也变得更加容易。大学的教员与公司高级研究和管理人员合理流动共享，产业转化的效率会大为提高，培养人才的目标会更具时代性。

再进一步，还可以体现为专业方向的弱化，依托大型实验室和研究项目构建教育体系，变成一种动态的专业培养模式。

面临 21 世纪的新形势和外部压力，大学开始有变革的冲动和需求，大学变革具有历史发展的必然性。但是，受限于传统模式的框架，以及复杂的旧有运行体系，大学的变革非一日之功。

这种情况就像河水流动一样，前方要是受阻，就会从其他方向绕弯而过，没有任何障碍物能够阻挡其流入大海的决心。

与其在旧有传统巨无霸大学的层面上改革受阻，不如另起炉灶重新构建一个小型的实验性质的、能够适应 21 世纪新形势的新型研究型大学。这个思路在美国不怎么成立，因为其教育体系已经非常发达，建立新型研究型大学的资金和政府的决心都不足。毕竟，美国的大学目前还是比较完善的，没有全面革新的必要性。

这个机遇被中国的教育体系捕捉。这也有其历史必然性，其中几个原因最为重要。

第一个原因，中国高等教育发展较晚，借鉴欧美教育模式，在本土化过程中存在着很多不足。中国在新一轮的世界经济摩擦中，对高科技发展和创新性的需求增大，对高校的要求提高。

第二个原因，部分新兴城市在经济发展后对高等教育体系提出了新需求。这本身也是对城市构建美好生活体系的完善。

第三个原因，经济基础决定上层建筑。

除了满足基本的教育需求，对城市产业的提升是一个重要的时代特征。构建新型研究型大学，资金非常重要。从国家层面上，不可能投入巨大的资金来构建一个教育试验田，因为承担已有的大学体系已经消耗了大部分的教育资金。在原有大学体系内，还需要额外的资金进行自己的内部治理与提升。于是，这种新型的大学必须另辟蹊径解决资金来源问题。于是地方政府和捐赠成为最重要的两种资金来源。而在实际操作上，也正是这两种资金，为新型研究型大学提供了最初的启动动力。

不同的资金来源，不同的城市需求，造成了这些新型研究型大学除了"新"是统一的标签外，其内部治理和大学目标都不尽相同。

当有了新型研究型大学的标签，新型研究型大学的内涵还没成型，这为高等教育研究界提供了一个非常好的思想实验地，从不同角度来审视、研究、厘定新型研究型大学的本质和发展方向，甚至还可以确定这种类型大学的发展话语权。这相当于一个小孩子出生很久没名字，后起的名字对其后续发展至关重要。

当新型研究型大学受到外界关注后，其发展步伐加快。比如，南方科技大学从最初被误认为是私立大学，到现在成为一所较有名气的新大学，是外部环境推动内部变革、内外联动催生新型体系的典型案例。

既然是新型大学，就会从根本上构建不一样的管理框架和管理模式，比如理事会制度、教授会制度、PI制度、书院制度、"631"招生制度等等，无不显示这是一个新型体系。正因为从一开始就把这些新制度糅合在一起，南科大在制度创新和融合方面走得很彻底，目前运行得很成功。

不过细一想，这些新制度也并非凭空而来，在欧美体系中，是非常常见的制度类型和管理思路。如果从制度本身来看，在中国高等教育界算得上新，但是在国际教育界来看，只能算是一所新大学，而不是一种新型的大学。到底是新大学还是新型大学，这本身就会在高等教育界产生分歧。

在中国高等教育界，把这种新大学称为新型研究型大学也是正确的。因为，毕竟这种新大学的崛起，有两种因素是国外已有大学不具备的。第一个就是中国文化的加盟。这本身就决定了中国的新大学不会走欧美大学的老路。第二个就是这些新大学的诞生依托的是高科技时代背景。

如果新型研究型大学不主张高科技发展，不用高科技改变自己的校园面貌和教育体系、教育思路、教育模式，不发展新型的产学研关系，助力时代腾飞，那就达不到新型研究型大学被赋予的时代使命。

新型研究型大学随着时代需求而崛起，这是历史机遇，也担负着历史重托。

高水平研究型大学中的学院创新

世界变化快，新技术与新需求的大力增长对大学教育体系产生了前所未有的冲击。大学与社会的双向影响，始终是大学无法回避的现实问题。这其中既有大学内部知识体系向社会开放的需求，也有社会资源与影响力积累到一定阶段后，对其教育身份感的认同需求。就像两个具有磁吸引力的小球，越走越近。或者又像看似不同的两层介质，随着时间推移，原子之间相互渗透。

这种过程不可逆，但是需要一定的时间过程才能达到有机融合。

面对高新技术的强烈需求，加强产业学院、未来技术学院，以及传统大学的产学研建设，是目前最为通行的三种模式。

产业学院的承担主体主要是职业学院。学院直接对接企业或者行业，让渡一部分权利，二者全面对接。让企业直接深度参与课程设置、教师双聘、平台建设、教学管理、毕业设计，以及毕业走向等等。这种模式的目的在于高效率地培养企业所需人才，毕业即可用。显而易见，这是一种高效率的思维模式，其核心是如何协调学院与企业之间的资源对接。

未来技术学院承担的主体是高水平的研究型大学。在学校内部，重新调整资源，达到学科交叉，强强联合，攻坚克难，创造新技术，解决"卡脖子"技术难题，为国家长远规划做支撑。在这种模式中，需要创新人才培养模式，找准方向。显然，这种模式对教师和学生的水平要求更高，一般的职业技术学校或者一般的大学无法承担。清华大学和中国科学院大学在未来技术学院发展方面走在了前列。

第三种模式是最为流行的产学研模式。比如，在高校里设立产学研转化中心，对接外面的公司、企业，实现成果转化。同时，引入各种横向项目，达到学校与外部资源的共享。学校与公司、企业常常建立联合实验室，在某一研究领域进行深入合作，但是往往缺乏系统性。

以上三种模式各有优缺点，也各有其生态位。对于产业学院，与之对接的企业或者公司有可能会成为其技术研发的天花板。产业在发展，而且会越来越快。基于某一公司或者企业，在一个过于集中的方向培养人才，如果前者发展得不顺利，会对产业学院造成重大冲击。对于未来技术学院，目前还只是内部资源调整，缺乏不同大学间技术联合攻关的模式，缺乏产业学院的外部支持，等等。

如果从建设策略上考虑，我们需要避免如下几种心态：

首先，要抛弃短平快思维，学校与企业双方恨不得立竿见影，搭好架子，"1+1"立刻大于2。在产学研方面，我觉得做得最好的模式首推硅谷模式。这是一个大学群与硅谷创业环境逐步完善与相互促进反馈的过程，而非一朝一夕之功。

其次，要抛弃单打独斗的模式。硅谷的发展得益于高水平大学群之间的配合，绝非斯坦福或者伯克利一家之功劳。此外，大学群还包括社区等大学的完善支持，形成高中低端人才培养模式互补关系。

最后，要充分提升大学的科研水平。从硅谷发展出来的产业，很多都是基于当时前沿的科技，其中大部分是高校在自由探索中得到的成果。一个有趣的现象是，越是创新的技术，越可能不是刻意创造出来的，比如互联网。如果没有强大的科研体系支撑，就无法实现真正的技术突破，而只能在低水平徘徊。

在未来技术学院和产业学院之间，还存在一个生态位，那就是如何让高水平的研究型大学与大型行业、公司联合。这看似与产业学院类似，但是本质上完全不同。

高水平研究型大学与普通大学或者职业学院不同，它们不会全方位让渡自己的教育设计理念与管理权限，这就决定了在与外部资源对接时，一定还有一个权责界面，让外部资源产生影响，并通过界面传递到大学管理内部。也就是说，高水平大学的教学科研管理会具有独立性。

但是，在保持独立性的同时，如何激发外部资源的兴趣和投入？

这确实是一个难题。双方要有足够的吸引力，有意愿产生联系，而不是靠一方去追求。这种情况会出现吗？

当然可以。经过多年的发展，中国的很多产业与行业正在面对或者经历转型，需要提升其在世界产业链中的地位。这就需要大量的高端人才与研发产业相关的技术。在这两点上，这些行业与产业急需与高水平大学合作，达到强强联合的效果。在这个层面上，企业未必对直接参与大学教学研究感兴趣，但是它们可以提供最新的行业需求，提供资金、人力与平台支持。大学提供的反馈就是培养高端人才以及科研支撑。同时，大学要保持其大学传统，满足教育部制定的专业设置要求。

上面提及要避免几种心态，那么与之相对就是要提倡如下几种思路：

（1）要有细致的规划，以及长期建设的准备。开始不宜立刻大规模开班，以试点为主。

（2）要有大学群的概念。联合可联合的资源，产生更大的社会影响力。

（3）招收高水平的师资与学生。

（4）选择高水平行业和企业，保证真正的强强联合，宁缺毋滥。

面向未来，大学与社会资源的全方位对接是一种不可逆转的趋势。大学与城市的互动关系会更加紧密。大学对城市的产业推动是一个城市持续发展的重要动力来源。大学也会因为城市和行业发展，犹如站在巨人肩膀上一样，变得更有实力和更具有国际视野。良性的、和谐的大学与外部资源对接，是非常值得提倡的一种互动关系。在这个过程中，双方都不需要太跨界，失去自我，而是要通过有效的交界面，达成能量流的互送。这个交界面，其实就是生物体系中的细胞膜。

独立的细胞之间形成组织，向更高的生命形式进军。

联合的大学与外部资源形成共同体，向未来教育模式探索！

新型研究型大学发展面临的难题

近期提出的新型研究型大学，是符合时代发展潮流的中等规模的研究型大学。其实，无论是新型研究型大学，还是传统大学，都可能会遇到如下矛盾。

（一）坚持传统与改革创新

大学自诞生那一刻起，就自带了某些稳定的属性特征。其中最重要的功能就是知识传承。一座馆藏丰富的图书馆是一所好大学的标配，一群学识渊博的教授是一所好大学的保障，一种优美的校园环境是一所好大学的基础。大学具有某种象牙塔的功能，师生摒弃外界干扰，全身心投入在校园里研读。

早期的大学与外部环境对比，其知识浓度足够大，传承的一些古典知识足以满足社会需求。因此，即使是只学习古典知识，大学起到的人才培养效应依然显著，足以满足社会需求。

在这种模式下，大学在社会中的地位不如今天显赫。最明显的例子就是，更多的学术大师不愿意在大学中任职，教师的地位也并不高。直到美国成立初期建立学院时，情况仍然如此。当然，学院中总会有人来教书，学院教师这个职业至少比在土地上劳作更吸引人一些。

时代发展赋予了大学新的功能，在社会结构中大学的地位也随之提升。从传统的大学变形为研究型大学，是大学面对社会发展的一次重大调整。虽然第一所研究型大学"柏林大学"坚持学术自由与自治，大学尽量不受政府干预，但是其通过科研产生知识这项功能，会随着知识的外溢，与社会产生更多联系，随之社会的反馈影响也不可避免，这就促使大学进一步变革。

固守大学初心，是大学文化的内在需求。进行革新，是大学生存之需要。大学本身既要传承传统，为千年的存在模式而感到骄傲，同时，还需要拓宽内涵，在新时代焕发勃勃生机。

（二）全球化与本土化

全球化是人类文明发展到高级阶段而进行的全方位信息与能量流通。人类社会从部落到国家再到全球化直至太空化，逐步扩大交流空间，是一个不可逆的过程，是知识与文明拓宽生存空间的内在需求。全球化过程不可阻挡，但是可以被暂时逆转。

全球化是文明交融与扩展的产物。

物质和信息交流的背后，最本质的是文明输出。在知识层面上，自然科学尤其具有全球硬流通的作用。在技术层面上，一些技术明显带有文明烙印，从而技术输出本身就会对文明产生巨大影响。

全球化特征是新时代成功大学的重要特征之一。大学吸纳留学人员，同时还积极吸引国际教师的加盟，加强国际大学之间的联盟与交流。学生出国率是大学一个重要的评价指标。

任何事情都有利有弊。全球化与本土化之间存在着一定的不和谐，本质上还是不同文明之间的竞争。一个国际化比较完备的大学，可能与本土文化及行政管理之间有思维冲突。全球化给大学带来的人才流动，容易造成人才的聚集效应与人才流失效应。在不同文明体系中成长与受过教育的高等人才，能否保持本文明的初心，也是一个巨大的挑战。在全球化之中，大学要有自信的思维方式，让留学生全面接触本土文化，加强国际教员对本土文化的理解，而不只是一个过客。

（三）教学与科研

教学与科研在大学中的比重一直是个有争议的话题。早期大学以教授传统经典为主，这一模式被柏林大学的科研型模式部分取代。在科研型模式中，创新知识成为大学的重要职责。教学与科研相结合是最为流行且有效的培养方式。从理论上讲，科研与教学融合，一方面可以把学生带到学科前沿，另一方面可以调动学生的积极能动性，从被动地学，变为主动地思考。但是，在实践中，这种完美的效果很难全面达到。即使在21世纪的课堂中，照本宣科式的教学方法仍很常见。其中主要的原因是完美的科研教学方式需要较高水平的师资，大部分大学老师很难在科研和教学两方面全都达到最佳状态。

评价体系对教学有一定的冲击。科研型大学的评价常常侧重于教师的科研水平与成果，教学水平与效果常常被放在次一级地位。这就无法让教师在教学方面投入更多精力，教学变成良心活。

美国至今还存在文理学院（College），与大学是个平行体系。学院不看重科研，更注重教学，这与科研型大学形成鲜明对比。虽然学院也开始慢慢转型，与大学寻求合作，开设一些原来未涉及的应用型课程，加入一些科研元素，但总的说来文理学院给大学的本科教学提供了重要的可借鉴之处。

在大学之中建立纯文理学院，会显得有些不协调，但是，在大学中加入文理学院的教学思维，应该是一条重要的发展之路。这又涉及通识教育与专业教育之争。在有限的学时中，如何合理地分配，在通识知识与专业知识之间达到平衡，始终是一个需要研究的课题。

但总的说来，大学教育只是一个阶段，大学后的再教育，是大部分学生真正成才的保障。所以，大学更应该注重基础与能力，包括持续学习的能力与健全的人格教育。

（四）外界影响与大学自由

大学发展，规模扩大，人员增加，功能拓宽，所需资源激增。世界著名大学一定意味着大量的投资和先进的科研设备。总之要想成为知名大学，外界投资至关重要。大学属于独立的单位，与早期城市发展的定位很贴切。即使到了洪堡时期，对政府的直接干预也心存芥蒂。那时的教育家认为只有让大学保持独立的运转方式，才能发展好。大学发展好，其实就是对政府的最直接贡献。但是，这种情形并不能持久，政府的影响很快就介入其中，并成为现代大学治理中最不能忽视的一层权力构架。

大学终归是社会的一个重要元素，与社会有千丝万缕的联系。只吸纳资源，不愿意让渡发展自由，这看着有些矫情。但是，让渡多少自由，政府在大学发展中究竟发挥怎样的引领作用，这些是非常前沿的高教领域研究课题。

总之，大学既不是传统意义上政府的职能部门，人员也不是传统意义的公务员。大学可以持续百年千年，历经文明演化的洗礼。保持大学的一定自治，会使大学发展具有连贯性，也可以在社会发展的汹涌浪潮中保持航行稳健。

（五）行政管理与学术自治

大学规模扩大，引入公司方式层级管理是大学的另外一个现代化特征。除了董事会、校长等高层，还有很重要的一批中层管理机构，称为"处"或者"部"。大学的行政管理会涉及大学层面的集体利益与教授层面的个人利益。同时，管理水平的高低也会影响教授在学术自治方面的权益。

理论上讲，教授群体是学术方面的权威，最有权力制定学术发展方面的规划。但是，并不是所有学校都能厘清并发挥教授群体的才智，有的学校在制定政策方面存在各种不合理的现象。加强行政管理的服务意识，加强行政管理与教授群体的智慧对接，是一所大学形成欣欣向荣文化氛围、充满活力的基础。

在更高一个层面，大学要面对更高一个级别的行政管理。这对于一些新兴大学的发展存在着一定制约，比如，受到发展时间限制，在专业设置、研究生硕博点建设等方面，新兴大学会有压力。在具体的新兴专业方面，一些热门的专业思想与高科技需求，并不能很好地契合在专业

方向设定里，具有一定的时间差。

（六）教师的校内职责与校外发展

大学与城市互动，达到双赢的局面。大学与社会紧密交流，促进双向发展。这个整体思路肯定是对的。在执行过程中，除了通过产生知识，实现良好的教育成果以外，教师通过对外交流提高收入，这也是目前大学中通行的做法。

这里面有一个矛盾的问题。教师的主体在校内，增加社会活动，提高收入无可厚非，但是毕竟占用了大学老师的工作时间。有时候，这种

对外活动过多，会损害教师的主体活动，对大学来讲，得不偿失。

大学老师兼职或者成立公司是目前较为通行的做法。通过限定校外最高收入额度与工作时长，可以有效地解决大部分难题。对于成立公司，我个人并不赞成教师直接去管理公司，这种模式低效且无法保障教师的校内工作。效仿斯坦福与硅谷的做法，校内老师提供技术，占有技术股份，而让专业的经理人运营公司，两全其美。

在市场化的今天，知识体系不但受市场的影响，也逐渐具有了部分市场特征。通过市场，增加知识的流通，是知识促进经济的有效途径。只有经济元素流通起来，才能产生额外的财富，知识也如此。只有让知识充分流通起来，才能更有效地推进经济发展，促进新知识的生成。

在社会发展到高度发达阶段，资源会变得越来越重要。知识的发现目前步入了攻坚阶段，靠"苹果砸头"就能激发出万有引力想法的时代已经过去了。以后的科研需要更充足的资源配置，更系统的知识体系做保障，更全面的人才合作做助力，打造文明级别的科研成果，向更深更广的领域迈进。

（七）书院育人与院系育才

在中国现有的教育体系下，高中和大学在教育体系上还缺乏一定的连贯性。因此，大学低年级的书院制是弥补这一环节缺失的有效途径。书院制起源于英国，后成为西方国家较为普遍的做法。1949年新中国成立后，书院这一模式基本不再设立。增加的思政课程承担之前的育人教育功能。通识教育让位于专业教育，而通识教育则变成更为广泛的从小学到大学一条龙的思政教育。国家与全社会对青年人的思想道德引领，让学生有意识地成为社会主义接班人，确实起到了西方国家普通的通识教育不能达到的效果，对时代发展起到了全面的推进作用。

在新形势下，重提书院，书院教育+通识教育+思政教育，三位一体，更能体现中国大学在育人方面的系统性和全面性。在新型大学中，往往低年级学生不选专业，书院成为重要的育人和管理单位。在高年级，学生步入院系学习专业知识。但是，在执行过程中，还会出现书院与院系的衔接问题。

院系也不只育才，同时还会育人。如何让书院与院系协调有序地进行人才培养，对整个育人体系至关重要。

为了解决这一问题，不同的大学采取了截然不同的做法。比如，有的学校把书院和专门的院系对接。有的则把院系和书院合二为一。有的职责分明，书院只管低年级，然后整体上交给院系进行高年级的知识与育人培养。这些方法不一而足，与各所学校的历史和文化背景有关系。

无论采取什么样的模式，贯通教育、衔接教育，成为中国大学越来越重视的一个视角。我相信，大学的这种需求会逐渐辐射到高中。好的大学与高中贯通教育体系会使书院制得到进一步充实与发展。

（八）传统科目与新型科目

大家都喜欢听到新思想，看到新现象，"新"代表着前进的方向。大学中也产生了这种对新的需求，新体制、新的学科设置等等。并相应地提出了新学科的概念，比如新工科、新文科等。

这里的"新"代表新的教学模式与教学内容。在之前的体制下，学生们按照年级逐层学习，属于爬楼梯式的学习方式。学生只有在多年积累后，才能对所学专业有一定的了解，学习效率相对低下。如果能够采用瀑布式的学习方式、多元化的学习方式，肯定能提高学习效率。因此，新学科的目的就在于如何才能更有效地拓宽知识边界与提高学习效率。

比如新文科，要打破旧有的对文科的认识。文科能否引入理科思维与方法？文科可否建立实验室？文科可否深入市场行为？

再比如新工科，是否可以用问题导向的思路教育学生？是否可以与外界高科技公司建立紧密的教育模式？是否可以从一开始就面对市场需求进行项目教学？

把知识应用于实际场景，提高了知识的应用性，提升了学生的市场体验，有利于成才与快速融入社会经济主战场。

但是，在执行这些项目的同时，还必须清醒地认识到传统学习方法的有效性，不能为新而新。在新思路执行前，无论其指导思想有多好，能够胜任这种新模式的老师一定很欠缺，最终容易形成虎头蛇尾的烂尾楼式的教育后果。

循序渐进，一定是最佳的方案。执行、总结、提升，而不是全面提出口号，大干快上，成为噱头。

（九）人才引进与自我培养

大学最重要的事情之一是引进高端人才，如果人才被挖走，就觉得损失惨重。人才流动其实有其合理性。从国家层面来讲，国家自然期盼每所大学都能成功。每个学科大力发展，也是国家想看到的。合理的人才流动，对于构建合理的学科体系有帮助。但是，在经济不平衡、教育资源不平衡的条件下，人才流动往往会形成虹吸效应，好的越好，差的越差，这就超出了国家宏观层面管理的底线。

中国在过去一些年中，从国外回流了大批人才，这些人才为中国教育的发展做出了贡献。随着时间的推移，这种国外人才的回流必然会受到限制。国内挖人才过日子的时代肯定也会逐渐过去。在任何时候，学校自己培养人才，有利于自己的发展，也有利于国家的发展。不能培养人才的大学，不能算得上好大学。

国外的名校，或者顶尖学校，确实靠挖"大牛"教授来支撑。这种模式是否一定合理，我个人持保守态度。

但是，培养人才，尤其是培养高端人才，机制是什么？如何才能不破坏现有体系中的公平性和合理性？顶层设计，合理的资源导向，考验一所学校在新时代高端人才培养中的能力。

（十）历史沉淀与时代创新

传统大学给人的印象就是历史的积累，动辄百年历史，让人羡慕。历史就是声誉，校友就是财富。家长们在高考季，特别关注历史悠久的著名大学，无可厚非。但是，这种历史厚重感，对于新型研究型大学来说就是一种奢侈。

新型研究型大学本身就在创造历史，只是需要时间的积累。因此，注重自己的特色，与时代共情，是其发展的重要依托。"新"容易塑形，更贴近时代所需。"新"就需要在改革的前沿为高等教育模式提供新的参考模式，而不是与传统大学拼需要时间积累才能达到的成就。

大学发展并不容易，被传统和时代双重牵引，造成了一定的纠结。重新思考大学的定位，轻装前进，使大学更适应新时代文明的发展，我相信大学还会一如既往地存在下去，持续其历史辉煌。

第十章

未来大学与教育什么样?

现代教育悖论

南太平洋复活节岛上矗立着很多石头像，可是雕刻这些石像的人早已无踪，复活节的早期文明也湮没在历史中。

考古学家揭开了这一段历史。当初波利尼西亚人凭借先进的独木舟航海技术，漂洋过海，来到了复活节岛。当时岛上自然资源丰厚，犹如天堂。登上岛屿的小团体，开启了富足的生活。

他们教下一代如何捕猎，如何砍伐树木造独木舟，去周边海里捕鱼，蛋白质来源丰富，一片祥和、文明的种子也在复活节岛开花结果。当人口激增后，人们有了多余的劳动力，开始建造文明继承的副产品——大石像。复活节岛是火山岛，上面有凝灰岩，质地较软，人们开采石头，凿成巨大的人像，再用木头运到相关地点。

复活节岛上的文明迈向了富足繁荣，教育在其发展中起到了重要作用。当过了临界点，岛上生态出现了不可逆的变化，大型树木越砍越少，土壤开始变得贫瘠，动物也越来越少。当岛上最后一棵大树被砍倒后，人们开始失去制造独木舟的材料，造舟技术最终失传。没有了海洋鱼虾类蛋白质来源，岛上的老鼠成了重要的蛋白质。当老鼠都不够的时候，开始出现人吃人的惨剧，最终文明也随之崩溃。

这一切都是在缓慢过程中发生的，没有一代人可以负全责。

联合国教科文组织发布的《学会融入世界：为了未来生存的教育》报告，提出有关未来教育的重要观点：与地球环境和生态共融，认识到教育的片面性和危害性。

上面两点，完全可以从复活节岛文明发展脉络上得到支撑。在更长的时间尺度上，地球和复活节岛没什么区别，都是资源有限的封闭体系。人类积极地开发地球资源，创造出璀璨的文明，消耗着大量的能源和资源，极大地破坏着环境。最为要命的是，人类非常自信地相信，通过自身的科技发展，能够解决人类文明提升带来的对生态环境的破坏。

在人类教育体系中，关注的是人的发展，包括人的完善与人的道德，创造改造自然的新知识，培养文明发展所需的各种人才。总之，一切以人为出发点。这种教育，对整个地球生态来说，存在着致命的逻辑缺陷。其教育本质和复活节岛的先民对后代的教育别无二致。只不过地球体系更大，支撑的时间会更长一些而已。

古人缺乏信息的系统记录，无法了解在百年千年尺度上的变化。楼兰古国的最后居民，可能想象不出当初楼兰的绿树成荫与溪水淙淙，他们只知道那里已经成为荒漠之地。

现代人最大的优势在于，掌握了海量信息的记录传承与分析，发现了人与自然环境演化之间的复杂关系。资本主义在百年尺度上，确实给全人类带来了巨额财富，也带来了社会不公平与资源的破坏。这些演化过程，清晰地记录在案，为人类敲醒警钟。从这一角度来看，现代人还是幸运的，不用等到最后时刻，就可以开始思考目前教育体系的弊端。

走出资本主义的竞争误区，大力发扬中华文明的天人合一思想，构建人类与全球生态共同体，是21世纪需要大力弘扬的思想。

教育要先行思考，如何反思，如何坚守初心，是所有教育者都需要时刻思考的问题。

未来的大学

我们大胆提问："世界上流行的大学模式正确吗?""如果大学模式的思想根基不合理了，或者跟不上社会变迁了，大学将何去何从?"

这些问题的内涵是一样的，也就是大学的产生与所属的环境密切相关，环境变了，土壤变了，上面结出的果实肯定也会随之发生变化。

早期西方大学的功能主要是保存与传承知识。知识是文明的基础。一部分古典知识在大学里安身，为文明的延续提供了庇护所。大学没功劳，还有苦劳，因此，大学的合理性也就被文明社会所认可，成为大学千年不倒的最为基础的法理所在，也是大学的基本模式没有本质变化的重要原因，比如图书馆、教与学。

大学在与社会的对接过程中，对社会需求产生反馈。知识积累一方面提升了知识体系的活跃度；另一方面，知识体系也有自身发展的需求，尤其是知识自由的需求。

所谓自由，就是有充足的时空去发展。知识体系最终不会满足于楼阁，永远屈居于大学之内。空间上向社会拓展，内容上不断创新，是知识的必然需求。于是，传统的大学模式就会改变，研究型大学应运而生，这是因为在大学内部，也可以开始创造知识，符合知识的发展需求。只有在这种模式下，一些所谓的大师才愿意加盟大学，为知识创新服务。

在上一轮的大学发展中，大学中的知识体系创新主要发生于大学内部，并向外传播，是传统研究型大学欣欣向荣的主要基础模式。

社会接着发展，知识创新在大学外部也大范围发生。这对传统研究型大学模式的挑战最大。在保存知识方面，大学也不再是最完美的选择。这无形中会让大学存在的法理失稳。

在这种形势下，大学的独立性会受损。从知识创新与传播角度看，大学只是整个社会体系中的重要一部分，不再占有绝对的统治地位。

这给大学造成了惶惶不可终日的压力。于是，大学开始为此做出各种改革，一方面要加强自己创新知识的权重，一方面与社会中的知识创新者（比如大型公司）结盟，大学的花样变得越来越多。

在研究型大学中，科研变得比教学重要，趋势不可阻挡。这是因为大学要重新夺回知识创新权，加强让自己存在的法理。

大学与社会资源的对接，是一场双赢的谈判。大型公司开始建立自

　　己的研究所，对大学来讲，这不是一个"好兆头"。如果将来大学创新知识的能力被社会资源远远超越，大学也就失去了谈判的资格。

　　如果没有知识创新，大学就会岌岌可危。好在大学还有第二条法理，基础育人。大学面对的是一群思想还没有完全成熟的被教育者。大学利用充足的四年时光，"软磨硬泡"，让一个个青瓜变成红艳艳的水果。在这一点上，大学确实占据了绝对优势，没有任何社会资源愿意花费大学这样的精力，在基础育人方面做出巨大的投资。

所以，大学就会保存那些需要花费时间和精力的功能，包括育人，也可能包括漫长时间才能出成果的基础学科。那些短平快的技术学科，有可能，早晚还是会从大学里分离出来，进入职业学校。当然，这并不会在眼前发生，而是在将来。

中国大学的建立环境与西方的大学完全不同。同时，中国平行建立了大学和各部委科研院所体系。早期科研院所在知识创新方面领先，中国的大学更多地承担了育人功能与基础知识培养功能。随着中国大学的知识创新能力加强，知识创新与流动的体系发生了变化。这促进了大学与科研院所的交流与合作。比如，科研院所主动办大学、大学与科研院所合办大学、科研院所与院系合办等等，并在今后一段时间里，呈现欣欣向荣的景象。

其实，大学和科研院所的合作在国外也常常取得重大教育成果。比如美国的麻省理工学院和Woods Hole海洋研究所、英国的国家海洋中心和南安普敦大学的合作，等等。深圳正在建立的一些新型大学，将与大型高科技公司密切合作，形成高教领域的新常态和新模式。

在我看来，这都是在寻找各自的存在法理。只是，知识的流动与知识创新能力的提升是动态的，使公司和科研院所与大学之间达到某种平衡，形成新的教育与知识创新的大格局，这为世界大学模式演化提供了一种新的样板。

大学还叫大学，但其内涵在变化。但只要适应时代需求，促进知识传承与创新，就会得到文明体系的认可。这是大学存在的永久核心法理。

信息与知识演化

生命和自然界交换能量，对外界产生反应，需要信息交流。就如同计算机，如果什么事情都要从"0-1"开始构建，会极大浪费资源，降低效率。生命体也是如此，要用最少的资源，达到最大的目标。其中涉及的一个重要方法，就是信息封装。

凌乱的信息叫作随机噪声，当按照一定的模式把信息组织封装起来，去伪存真，下次按照一个信息团的模式来处理，就会大大地缩减处理流程。对身边世界的信息进行处理，一些有规律的信息被封装总结下来，形成经验，传给下一代。这种被封装的有规律的信息可以称为知识。

人类拥有知识，动物也拥有知识，可以隔代相传。但是，大部分动物只限于此，而人类突破了这个极限。在能有效用文字记录知识前，人类通过复杂的语言创建了复杂的知识体系，这种知识的传递可以跨越很多代，唯一的缺点就是有些知识包含的信息会失真。当文字出现后，这种情况大为改观，知识信息的保真度可以跨越几千年。我们现在还可以阅读孔子和苏格拉底的著作，这是信息记录的功劳。

信息记录催生了知识的体系化和固定化，成为文化的基础。同时，文化与文明的发展，又带动了新知识的扩容，使人类社会呈现出欣欣向荣的社会景象。

进入到信息社会，信息量急剧增大，知识体系暴增。新一轮的知识封装势在必行，并已取得了一定效果。比如，计算机程序，我们已经从"0-1"的时代，发展为高级语言的时代，并进一步封装成模块，简单用几个语句，就可以实现几十年前高级程序员才能实现的功能。利用手机上的APP，初中生也可以做出相当专业的音乐，这在以前无法想象。再比如，老人们只要按智能手机上的按钮，就能做出很多有趣的事情，不需要了解手机内部的结构。这些都是封装的好处，知识的利用率和转化率大增。

按照以上分析，知识封装有利于社会减少知识传承与交流的成本，对人类社会发展一定是完全正面的。

但任何事情都有利有弊。知识封装肯定不只有好处，也有坏处。

知识被大规模封装后，必定会引起社会结构的改变，相应的社会文化也会随之被影响。人类要发展，靠封装知识可以实现高效率和一定的创新，但是要想完成全面创新，还是需要知道底层知识的人才。这就会重新造成一种知识垄断现象。少部分人掌握了技术底层核心，大部分只知道技术应用。这种知识不对等，可能是将来社会不可避免的一种现象。科学技术人员会分为一级技术封装体系、二级技术封装体系，就像一个金字塔。

以大学为例。大学被设计之初就确立了大学有传承知识的功能，随着时代发展，出现了创造知识的新构架。大学生们在学校努力学习各种文化知识，使自己成为对社会有用的人才。这一过程非常漫长，但是在目前的时代，还没有任何其他机构能够完全挑战大学的这种对人才培养的垄断。

可是，随着知识封装的进行，在社会需求方面，以前的智慧行为，现在可能就变成了体力行为。不需要经过大学的高级培养，一样能利用封装好的知识模块和设备，实现高级工作。换句话说，这有点像机器人，或者可能会被机器人替代。在这种情况下，对大学培养人才就会提出巨大的挑战。大学就不需要培养那么多的人才，只要会利用封装好的知识模块即可。

可见，将来的社会可能会出现很多新的不对等，掌握底层技术，是以不变应万变的王道，只是学习起来会很辛苦。这就对未来教育的思维和模式提出了新的挑战。

未来教育的挑战

信息与能量可以相互转化。能量最小化是世间最基本的物理法则。教育就成为信息传递的能量最小方式，而且随着时代的变化，教育方式和方法也会改变。在新形势下，一些传统的教育方法反而可能成为耗费能量的行为，成为教育的阻碍。

当人类社会建立后，独立于DNA遗传信息系统，发展出了文化信息系统。后者会随着时间推移，通过简化模型，达到一种偏态的传递方式，比如左撇子。早期的石斧制作，并没有明显的手性，左手和右手师傅的比例基本相同。随着时间的推移，右手的倾向性越来越高，左手师傅越来越少。这显然并非右手就比左手更有先天优势，较为合理的解释是一种随机性。在左右手平衡的状态下，在某一时刻，右手的概率突然增加了一点，后续的学徒就会按照这个趋势逐渐强化右手制作规则，这学起来更容易。随后，右手手性就慢慢占据了人类的文明准则，持续为后续文化加强。再比如，最早笔者用左手写字，就硬生生被老师改为右手，好像左手写字就是洪水猛兽一般的异类。

我们单纯谈教育会陷入误区，因为教育分为不同层面。最大的层面是人性教育。我们全世界的人都来自同一拨祖先，最根基的人性是相通的。比如热爱自由，富于创新，勇于开拓，否则人类也不会在几万年之内走遍全世界。在这个层面上，全世界的人类精神可以共通，相互学习，互为一体。

但是，教育与文明，从一开始就密切连接在一起。教育是为了文明而教育，文明因教育而强化与传承，二者相辅相成。当人类在全世界四面开花，通过区域隔离而形成各自的文明体系后，从第二个层面上，文明教育就各自有特点，很难像基本人性教育那样自由交流。中国的教育体系，在中华文明大背景的支撑下，肯定不同于西方的教育体系。在人性教育层面相同，但是在文明文化层面上，必然会体现出自己的特色。

工业革命后，知识大爆炸，形成了科技文明体系。我们日常提及最多的教育问题有：（1）如何克服知识大爆炸与传统教育之间不匹配的问题？（2）如何协调人性基本教育与文明教育？

显而易见，既然是问题，就说明目前的教育体系并不是一个能量最小化状态，存在着大量能量耗费与冗余。当社会整体上不能适应这样大规模的能量耗费时，就会催生教育改革，意图减少教育所耗能量，还原教育的本质，适应时代的发展。所以，教育改革成功，就意味着用最小的能量可达到最大的教育效果。这就需要教育体系摸清时代的脉搏，而不是依旧把自己当作象牙塔，不与社会衔接，各行其是。

一个文明的教育体系，必然要分工合作。在知识体系上，技术工匠与科学引领都应该受到重视，而不只是倾向于后者。在科学体系内，前沿科技与解决实际问题，要两手抓，平衡发展。类比于《理想国》中的思想，对于大学体系，分工合作，应该是一个社会教育体系欣欣向荣、全面发展的基础。在这个概念下，笼统地说大学改革，也会有误区和缺陷，应该把大学对应于社会教育体系中的具体门类和角色，才能谈具体的改革方向和措施。

在文明基础上，目前，教育体系体现出来某种独立特征，也就是教育体系作为一个生命体，有了自己存在的意识，会对各种变革产生逆向的阻力。简单地说就是传统教育理念的惯性，这在传统大学中更加明显。

中国的教育改革必然出现在全新的土壤之上，摆脱传统理念的束缚。在新世纪，教育体系一定会走出大学。外部教育体系的崛起，包括大公司的教育体系，必然会与高校门槛之内的教育能量流相连，贯通能量流是能量最小化的有效方式。

第十一章

大学生问题根结在哪里?

在本书前面的章节，我们系统地讨论了大学的发展历史、时代特征与将来可能的发展趋势。确定了大学千年发展的主线，明晰了大学变得日益复杂化的影响因素。这些内容对大学生非常重要，会让他们的思维变得更加合理。所谓的理解万岁就是这个道理，只有理解了一个事物的本质，我们才能从内部读懂它，然后喜爱它、包容它，并会主动加入自己的才智，为其发展作出贡献。

显而易见，每所大学都有自己的特色，但是并非十全十美。历史悠久的大学会让学生感到历史的厚重和熏陶，但是在创新方面可能不足。新型大学充满生机，但是，其内部管理肯定还没达到最佳状态，这也是学生经常诟病的方面，并也常常因为这些事情对大学产生不好的印象。新大学也常会用各种"新"概念来吸引学生，邀请学生共同参与建设。当我们了解了大学所处的发展阶段，就会让自己变得更加开明，多一些容忍度。事情向完美转化都需要时间，如果能够有与之共同成长的情怀，就能让自己在大学中尽快找到最佳的位置。

万事开头难，如何在进入大学后尽快找到感觉和节奏？

在此，我先讲述一个例子。

我认识一位刚入学的男同学，阳光帅气，一看就是对即将开启的大学生活充满着热情与向往。开学几个月后，我再遇到他则大吃一惊，此时的他双眼毫无精神，头低下来不愿多说话，双手不停局促地动着。经过我仔细询问，原来是在社交方面受挫了。比如，他在群里积极发起踢足球活动，约大家晚饭后去操场。结果，等他去了操场后，发现只有自己孤零零一个人，不见其他人的身影，这让他感情很受挫。一方面有交友的迫切心情，一方面又发觉结交新朋友好难。于是，他更加怀念高中同学，想放弃在南科大读书的机会，重新参加高考，去自己高中朋友所在的高校，追寻朋友们的脚步。

我听了后，感慨万分。这位同学没有及时处理好自己的情绪，更没有给症结找出解决方案，陷入了自己的思维旋涡。这个例子有些极端，但是大部分同学会有类似的经历，只是程度不同而已。

高中和大学思维的区别在哪里？为什么有些同学在高中看似很正常，来到大学就变得迷茫？

青春期叛逆思维延后

根据我多年的思考和理解，从科学的角度，我觉得有一个青春期叛逆思维延后的现象。所谓青春期也就是人的思维方式逐渐初步成熟的过程。在此期间，人会重新发现自我，并变换对世界的观察角度。关于青春期现象，还是要从生物进化和利益最大化的角度来分析。物种最大的目标是种群延续，只要是有利于此的行为都符合物种演化的正轨。在很久以前的原始社会，孩子在青春期开始出现叛逆精神，其实质是要开始脱离父母，走向独立，这种现象在动物界比比皆是，非常有利于种群的扩散。

可是当人类文明走向成熟以后，文明本身就具有了自我传播的意识，具有自我进化的特征。比如，文明会约束青春期的孩子继续待在学校接受教育。文明基因与自然基因在管理青少年的时候出现了冲突，如果处理不好，会造成不良后果。

第一种是前者全面压制后者。穷人的孩子早当家。当生活条件不足时，为了生存，孩子从小就需要承担起家务，与外部世界频繁接触交流，懂得人生不易，更会懂得珍惜来之不易的资源。走入繁荣的新时代后，物质丰厚，生活水平提高，一批所谓的"妈宝"开始出现，而且呈现增长之势，进入成年人社会，会形成所谓的"巨婴"现象，这就是典型的精神青春期延后。如果一直延后，就是所谓的"啃老族"，不愿意去承担社会责任，不想长大，不想工作，不想成家，总想着被照顾。

出现"妈宝"现象，父母难以逃脱责任。父母的疼爱和溺爱有时候界线并不清晰，看似只是一个"度"的问题，其本质实在相去甚远。所谓的溺爱，并不是父母给孩子很多资源，而是给了孩子过多的帮助。需要孩子努力付出的时候，父母偏偏亲力亲为，窃取了孩子的成长机会和空间。在宫崎骏的动画片《千与千寻》中就有这么一位巨婴宝宝，汤婆婆非常溺爱他。他遇事就大哭，汤婆婆只能就范，这就是巨婴宝宝和汤婆婆之间的交流方式。如果不走出自己的环境也就罢了，只要离开自己的环境，与外界沟通时，这样的交流方式就是灾难性的。

现在的大学生，父母的介入感比以前强很多。父母不只是在孩子上大学时亲自护送报到，还有些会介入到教师的课程安排，以及一门课程成绩的给定。如果孩子挂科，甚至还会有父母亲自登门求老师改分数等等。孩子选课、选导师等等，也都会频繁过问。作为老师，我个人非常不赞成父母这样的做法，这等于进一步侵犯了孩子的选择机会，弊大于利。

成　长

我灵魂出窍

化作一朵云

一个温暖的冬日

在喧嚣的世界上空徘徊

俯瞰山脚一个园子

休闲的人

玩耍的儿童

还有琅琅的读书声

不远处

一个很小很小的孩子

浅浅的酒窝

纯真的笑容

面向春暖花开的方向

踉跄而行

自信

且认真

我不是神灵

但是一样可以保护

这天使般的

希望

当幼小的他重新回到父母的怀抱

咯咯的笑声

舒展了

父母满脸岁月的侵蚀

对世间的爱

是时间的黏合剂

是灵魂与我肉身的

见证人

　　第二种情况是孩子的叛逆天性被部分压制，精神青春期被延后到大学。这是很多问题大学生所面临的最大问题。青春期叛逆有错吗？本质上来说，没错，而且还要鼓励。在初高中阶段，大家有共同的思维，可以和同龄人一起较为顺利地度过。可是，在大学阶段出现精神叛逆期，找到能够相互理解的同龄人的概率就偏小。其他同学都正常学习生活，无暇顾及你的感受，大学老师和辅导员也很难理解这种延后的叛逆精神，自己则会处在一种不被理解的境地，会进一步造成自我孤独。

　　此外，在高中，学生的某一门功课，或者在某一学期学不好，可以弥补。如果暂时影响到了学习，还会有充足的时间去追赶，只要在高考那几天发挥正常，就可以掩盖初高中某些阶段学业不佳的问题。所以说，初高中阶段的叛逆造成的后果不是灾难性的。

　　但是，大学的学业规划和学习方式与高中非常不同，如果在大一还延续高中的这种"后续弥补"思维，就不再灵光，甚至可能对学业和整个大学发展产生严重影响。大学是学分制，上完一门就结课一门。每门课基本上不会设置高中时期那种为了提高准确率而布置的习题库练习和

大量作业训练。知识总结要及时，且要靠自己的努力。如果这一门课分数低，除非制度上有点小缺陷，学生能故意利用这点去重复刷GPA（平均绩点），否则大部分情况下，学生会失去补救的机会。如果这一门课不及格，即使第二次补考考了满分，最终成绩也只能是及格，严重拉低整体GPA。很多大一成绩不理想的同学，后续需要花更多的精力来补救，才可能获得整体翻盘的机会，得以顺利毕业。否则，会就此吃亏，走向大学的负面循环反馈，最终影响到整个大学的表现。大学做了很多这样的数据统计，结果发现，从统计上讲，大学生的大学整体表现与其高考成绩相关性很低，而与大一，甚至是大一第一学期的GPA相关，这强烈支持我们的上述观点。

第三种情形则是我们期望看到的，青少年在中学顺利地度过叛逆期，从而拥有较为成熟理性的思维。进入大学后，他们积极与大学拥抱，能够看到自己的优缺点，知道自己的选择方向，合理运用时间，科学地进行人生选择，顺利地过渡到成熟的思维方式。

第四种情况具有迷惑性。有些同学虽然没有全面升级自己的独立人格，但是保持了高中的学习能力，把大学当作加强版的高中来度过。这些同学很阳光，很自信，学习成绩也很好，甚至被很多家长老师看作大学里的佼佼者。他们一路高歌，很会考试。但是其潜在的危险在于，到了研究生阶段，需要从擅长考试变成合理地做事，有一些同学就失去节奏，由此带来思维上的巨大冲击。有些同学从"学霸"变"学渣"。很多看似优秀的学生的科研之路就止步在读研阶段。

以上分类看似合理，但真实情况比这复杂得多。因为人的个性本就分为很多层次和方面。我们并不能把一个人用一种个性来定义，至少还存在着理性和感性，在这之上，还会继续分出很多二级人格，有些甚至对立。比如，一个人可以是理性的，同时也是感性的。有些人理性成分和感性成分是反相关，而有些则是正相关。就如同一个由不同周期信号组成的曲线，其各自成分具有各自的演化规律。具体到人的个性来说，其二级个性也会具有不同的演化规律，有些正常演化，有些则被延后。这样会造成千奇百怪、复杂多样的性格成分，在高中和大学之间过渡时，产生不同的结果。

上面我们讨论了从中学到大学转化时遇到的"成熟"延后现象。我们还可以把上述理论拓展到任何环境的转变。

在一个环境中我们习得的经验，在另外一个环境中未必合适。在我培养的学生中,有些刚加入科研界,异常兴奋,靠热情没日没夜地做事情。遇到这种情况,我会及时阻止他们这种行为。靠热情工作会耗费大量的精力,就像长跑一样,靠冲刺根本跑不远。有一位学生在连续工作几个月后,就陷入了一种疲惫状态,晚上开始玩手机,弥补自己几个月来的精神娱乐需求,第二天起不来,又开始自责……经过一番畅谈,他终于认识到自己的问题所在。对于新工作,我们要适应节奏,工作经验的积累需要循序渐进,急于求成不妥。

我告诉这位学生,开工伊始就这么猛做,容易失去方向感。我们常常有一种错觉,去时路很长,回来时路就显得很短,路程并没有变,但是体验感完全不同。其实,这其中的差别在于我们是否对全局有所了解。不知道成功的尽头在哪里时,即使快到路的尽头,也可能放弃。但是一旦掌控了全局,就可以合理地分配自己的精力,这在长跑时非常重要。

无论是学习,还是工作,就像是一种长跑。我反复强调,长跑时,开始就冲刺,永远跑不到终点,因为在到达终点之前,就会耗尽精力。

多维度的大学世界

步入大学,要先理清楚自己的内心世界,做好从高中到大学的心理转换。高中生活基本上是安排式,从早到晚都有较为固定的班级、同学和作息时间。在这种情况下,一些同学即使时间管控能力比较差,也被掩盖住了。只要遵循与大家一致的生活节奏,就不会掉队,也能考取很好的分数,顺利来到大学。

相对而言,高中的奋斗目标相对简单,大部分同学的目标都是顺利进入下一阶段的学习。在高中,当好一个"学霸"就可以较为轻而易举地获得老师和同学们的好感,也会滋生自己能力超强的潜意识,认为自己没有什么学不会。而且这样的同学确实学什么会什么。而到了大学,其发展目标不再是考试成绩,而是成才,是多维度的比拼。大学毕业,考研究生只是大学生的一个选择而已,很多同学则会走上工作岗位。如果靠学业无法获得大家的青睐，会让自己的其他缺点凸显，比如社交能力不强、爱好不广泛等等。

从另外一个角度来看，有些同学的爱好和能力过多，无法集中，如果自己的选择能力不强，又会陷入另一种怪圈，选学分和专业的时候，会较为迷茫，不知道自己最应该学习哪个方向。

在大学里，除了爱好，突然增加的一个维度就是科研。

在以前资源有限的情况下，本科生做科研，听起来是天方夜谭。但是，在新时代的大学里，这已经不再是一句口号。大学已经能够为一部分大学生提供科研环境和资源，使其及早了解科研历程。能够把科研和学习组织好的学生，无疑会获得某种意义上的先机。

大学生做科研有如下几个好处。

首先，如前所说，科研本身就是一种让人走向成熟的思维模式，让学生学会较为理性地、带有逻辑地思考问题。对于今后打算走科研之路的学生来说，相当于及早地认知科研之路的美好和艰辛，有助于大学毕业时正确地判断自己是否适合走科研之路。知所为也要知所不为。科研之路并不容易，及早判断出自己的人生走向，这本身就是一个成熟的重要人生选择。

其次，科研增加了学生的思维角度。科研的世界是在创新，如果学到的知识是土壤，那么科研成果就是这块土壤上开出的花，赋予这块土壤更多的美和价值。所以，科研会使学生学习知识更具有方向性，及早从考试思维变成做事思维，跳出迷茫地学习知识的怪圈。

这种科研思维，不只针对理工类学生，对于文科生也成立。文科类也有一些实践教学，比如一些实地走访的实践课程，读万卷书，也行万里路。文科生不能仅仅依靠阅读一些文献，要学会深度联系社会，在研究方法上兼顾文理通融的优势，这样培养出来的文科生就会更"务实"，竞争力会大为提升。研究文史哲，本身的意义在于更好地理解世界，在于自我的修行，在于与社会相适应，其中思想最为重要。研究文学，应该把文字类的训练当成学习的工具,真正应该培育的是像那些学者一样去思考,去寻求看世界、发展改变这个社会的方法。

通过参与科研还可以丰富大学经历。如果再发表一些学术成果,则锦上添花,为后续申请读研增加了砝码,为参加大学的各种评比也增加不少亮点。所以,大学生做一些科研,等同于下围棋时实地与外势兼得。因此,如果大学条件允许,我个人非常鼓励学生到教授们的实验室去体验。

但是,万事有利有弊。当同学们的知识面还不够,不足以面对科研之艰辛时,很可能初始的科研经历反而容易给他们带来不好的印象。看到教授们那么忙碌,看到实验室的研究生们加班加点,不但没体验科研之美,反而如刚露出头的蜗牛,风一吹,就缩回头,再也不想触碰那个看似风起云涌的世界。

所以,大学生的科研体验一定要循序渐进,不能拔苗助长,导师的引导非常重要。此外,我们还需要看到大学生科研工作可能造成的知识局限性。

科研之路整体可以描述为一棵大树。本科阶段基本上是在树根部分,知识面和基础非常重要,此时所学的是一个门类,很多基础知识都要掌握。就我自己而言,在大学阶段,学习了高数以及几乎所有的工程数学、电工学、数字电路、模拟电路、信号分析、弹性力学、地质学、物探、计算机编程等内容。无疑,这种扎实的学习经历为我后续科研打下了坚实的基础。我们所学的每一门课,都是以后科研之树所需的根系。

当进入研究生阶段,做具体科研,所学的知识就开始偏狭窄,需要在某一方向上深入耕耘。到了博士生阶段,这一特征会更加明显。这个阶段,我把它称为树干阶段。粗粗壮壮的一根树干,方向感明显。等到了做导师阶段,开启自己真正的独立科研之路,就到了树冠阶段,向外开枝散叶,看着这个科研体系,朝气蓬勃,一派风光。

我的研究生曾经对我说:"老师,你所说的科研美,我体会不到。"

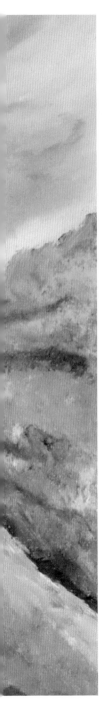

我说："这还需坚持成长。"

如果在大学开始做科研时，急于跑到树干，根系不牢，知识面不够，以后的科研发展可能会受阻。所以，一定要避免由于做科研带来的思路变窄的现象。

如果不懂得科研规律，很多同学在大学还是会变得迷茫，不知道自己真正的研究方向在哪里，心里万分着急。

我曾经和很多这样的同学交流，得出一些结论。第一条就是上面提及的长跑理论。科研之路很长，需要坚持，很多情况下，坚持到最后的就成了专家。大学毕业之后至少还需要十年苦读，很多人才能在33~35岁左右成为大学里年轻的助理教授或者副教授，极少一部分特别优秀的，能直接成为正教授。所以，在大学就忧虑自己的知识体系大可不必，因为以后还有很长的时间可以持续积累。

第二个理论就是缘分论。将来到底从事哪个具体的研究方向，缘分很重要。我第一次真正得出这样的结论，还是来到南科大之后。

有一天，南科大的夜晚很迷人，安静祥和，满天星斗让人觉得离太空近了不少，尤其这晚的天狼星像一颗明亮的大宝石镶嵌在空中，与弯月遥遥相对。

学校书院每年召开导师见面会，为新来的同学安排大学四年的导师。每个导师都有其特色，从他们的言谈中，学生看到的是自信与人生的自豪。

一个学生过来问我："老师，选导师要靠什么呢？"

"缘分，"我当时脑子里突然出现这个词，简短回答道。

一句话让学生醍醐灌顶。人生的路时时刻刻都是分岔口，每次选择都是以放弃其他选择做代价。比如，他来南科大不过是在高中校园里捡到一份南科大的宣传单，从此人生多了一种选择。

这天夜晚的星光，在眼睛里交汇。所以，宇宙中的光靠着缘分跨越很多亿年，和我们相遇。这就是缘分。

将来要从事哪一个具体的研究方向，变数很大，比如选择的导师、导师刚好获得的基金、实验室刚买来的仪器、导师刚刚出炉的新思想、师兄师姐的介绍、自己读了某位教授的文章等等。

人生不能同时进入两条河流。在研究生阶段，很难同时做好几个科研项目，必须要有所取舍。就是我自己培养的学生，也符合"龙生九子，各有所长"的规律。

如果理解了科研之路的这个特点，很多学生也许就不会再那么纠结。唯一需要做的就是准备好自己的知识体系，自己有什么样的土壤，才能开出什么样的花。

大学生活很精彩，还有一个维度就是课后的生活安排。大学里有很多学生社团，同学们可以选择一些能发挥特长的社团，找到志同道合的朋友，比如一起在乐团吹拉弹唱，一起去义工团做义工。据我所知，还有的同学组团研究学校的垃圾桶设置，为校园建设提出建议等等。这些业余活动对很多同学来说至关重要。大学是交友的一个重要时期，通过业余生活，与不同同学的生活圈发生联系，很可能获得大学的友谊，这与学习同等重要。

在这里，我想提及的是有些同学无法处理好学习与课后生活的关系，或者摆不正学习与科研的时间安排。我给出的建议是，先以学业为主，在能够顺利完成学业的基础上，再发展业余爱好和参与科研活动。

突破与退缩

我们在长跑时会遇到奇点，那一时刻，浑身难受，大脑会控制身体，内心里有一个自然的声音："停下来吧。"可是，如果再坚持一下，很快就能突破这个点，然后满血复活一般，步履轻盈，再多跑很长的路都不在话下。

在日常生活中，很多事情都存在这一奇点，或者是瓶颈，被堵在那里，好像再怎么努力都无济于事，进展缓慢。

想起我以前遇到的一个学生，告诉我："老师，我已经和父母商量好，不再继续考研了。"问其原因，回答说："是因为发现自己不适合总结数据，写作水平也跟不上。而自己在人际关系方面好像很擅长，和周围的人都能打成一片，想在这个强项上发展，去找相关工作。"

学生的思维里存在着好几个误区。首先，遇到事情，第一时间找父母，好像父母还是小时候那个万能的保护伞，可以为自己指点方向。其

实，父母一般不懂科研的道路该怎么走，他们只能根据孩子的反应表示支持或者反对。这件事情，最应该商量的人是导师。

其次，和别人关系好的原因，也很可能是自己不是别人需要嫉妒的对象，究其根源可能是缺乏核心竞争力。

最后，做科研遇到的这些难题，正是需要学生努力学习和克服的，没有一个人天生就会做科研，解读数据需要深厚的理论和知识基础，写作需要强有力的逻辑，这些可以通过努力而改善。遇到一个奇点时刻，此时，是突破还是退缩？

选择突破，需要持续努力。选择退缩，就只能看到自己那一点所谓的优势，为守住这一点优势，不想前行。

一只小蜗牛，刚刚探出头，亮亮的眼睛在朝阳中熠熠有神，神气十足。可是一阵小风，就吓得缩了回去，蜷缩在自己的小壳里，舒了一口气，还是壳里安全舒适。可是，来了一只小羊，一脚就把这个壳踩得稀巴烂。

很多时候，我们需要坚信自己的能力，勇敢向前，所需的资源会以各种方式在前方突然出现。"你若盛开，蝴蝶自来。你若精彩，天自安排。"耕耘自己的土壤，总有种子随风落地，百花盛开。

在前进中解决问题，勇敢前行。

第十二章
导师如何带科研？

对科研的深入理解，可以解决很大一部分大学生面临的选择难题。科研绝对带有导师的个人特色，每一位导师几乎都是独一无二的，培养学生的方式和课题组文化都不尽相同。因此，我们无法用统一的模式来讨论导师到底如何培养学生的创新能力才是最有效的。更正确的理解应该是学生和导师双向交流，共同发掘共振点，发挥每一位学生的优点，扬长避短，这样才能让学生走出自己精彩的路。下面，我主要以自己培养学生的经验来谈一谈这个重要话题，只能说是抛砖引玉。

课题组团队文化建设

文化是一个文明的重要组成部分。在特定的历史长河中，一个种群慢慢形成了自己对世界的理解，并用相应的方式表达出来，约定成俗，成为风俗，包括生活习惯、礼节礼仪、文化传统等等。而文化的内涵则宽广得多，是对世界理解的全面沉淀，包括精神层面和物质层面的总和。

文化具有可传承性和时段稳定性，这是一个文明的基础，类似于生物基因一样，是文明特质的信息载体。"人是社会的人"，这句话其实包含着两个层面的意思。第一，人本身是动物性的人，要传承生物基因；第二，人是社会的组成部分，是文明基因的传播者。

古人云，修身齐家治国平天下，视角逐渐由个体到国家，完成升华。一个人的发展需要文化底盘，失去了这个依托，个人修为也就失去了根基，如无根之木。

大到文明，小到组织，要想传承性发展，必须要进行坚实的文化建设。对于一个教授的研究团队来说，道理是一样的。一般情况下，一个

研究团队主要由团队带头人、研究教授、研究助理、研究生、本科生和访问学者等成员组成。正常规模在15人左右。对于资深教授而言，经过多年的更迭，培养和培养过的成员加起来可能在50~100人的规模。可见，如果没有一个团队文化，很难形成合力。

　　每个教授都在不自觉中进行具有个人特色的团队文化建设，这也造成了教授研究团队文化的复杂性和多样性。每个人的性格和气质不一样，教授方式也会不同。有的教授偏于严厉，有的则相对平和，温文尔雅。有的教授雷厉风行，有的则沉稳豁达。有的教授资源丰厚，粗放指引。

有的教授则事事亲为，耐心指导。

到底有没有一种普适性的团队文化？

据我的理解，目前还真没有。其中最大的变数来自教与学之间本身的固有矛盾。爱因斯坦是最伟大的科学家之一，可是他的学生寥寥可数，成就比他小了很多。教授虽有满脑子的创新想法，但如何传递给学生，这并不是一件容易的事情。举个更接地气的例子，只要到网上搜索一下父母在教小朋友学习时被气疯的视频，就可知知识传承的难度。

第二点，教授在"一对多"的模式下，通常也很难用同一模式教育所有学生。不同时代的学生，不同性别和省份的学生，不同国家来的学生，不同学校来的学生，差别非常大。同样是批评，有的学生就知道老师用心良苦，有的学生就会陷入自责，效果反而很差。更有极端的例子，被老师批评后，立刻反目成仇。

第三点需要提及的是学科之间的差异。科学发展以来，分科现象越来越严重，以至于不同学科的特点部分重塑了该学科的教授和学生。

人性的复杂性、知识的难以传承性、创新的稀缺性、个人背景的差异性、学科分类的特殊性、大环境的限制性等等，这么多变数凑在一起，看着都眼花缭乱。我们随手就可以抛出一堆可研究的问题：不同学科之间的研究组文化异同，导师性别差异对学科文化建设的影响，不同类型大学的导师课题组目标导向的差异，导师研究经历对其课题组文化塑造的约束，课题组成员对研究团队文化建设的反馈作用，等等。

在这些复杂的问题面前，我们可以抛出一个终极问题，建设团队有没有一些可遵循的原则？

我先回顾一下我是如何建设自己的团队文化的。在整个团队建设过程中，我并没有特意往哪个模式去走，而是在自然磨合中，逐渐形成了自己团队的文化特色，并在随后的发展过程中固化和强化，最终提升到团队文化这一层次上来。

作为导师，我尽力做到以下几点。

（1）立杆行正，以身作则

己所不欲，勿施于人。我自己在做学生时期，还是很勤奋的，阅读学科领域几千篇文献，算得上一个用功的学生。但是，我自己并没有蛮干，而是有意识地去构建自己的知识谱系与知识网络。感兴趣的绝不只是自己目前正在做的课题，而是只要沾边，或者是自己大领域的知识我都感兴趣。其中一个最大的习惯就是动手总结，尽量用自己的语言把知识表达出来，与人交流沟通，并且形成一种终生相伴的习惯。写作速度和能力也逐年提升，这又进一步加快了我获取知识的速度。其原理也并不复杂，正向反馈，正向影响，是一个滚雪球的过程。

当我有了一定的知识网络构架后，就会变得更加敏感，对知识点的获取就更高效。之前的一个学生在和我分析完数据后，发出感叹：为什么面对同一组数据，基本原理都理解的情况下，学生和我的分析角度不一样，而我的好像更系统、更有深度。这个差距在哪里？我再次回答了这个谜题，其原理还在于知识网络的敏感度。就像钢琴上的88个键，每一个都认识，但是如何组合起来演奏成曲，就是另外一回事。同样的道理，每个参数、每条曲线变化的原理都清楚，但是组合在一起以后，就是另外一种思维的集成创新，需要的思维方式就变了。

2003—2004年在美国读书期间，我进入了一种全新的战斗状态，全年都在做实验、读文献，写论文的状态高昂，极其高产。这个经历也让我在学生面前有了某种光环，至少不会在我面前抱怨学习的辛苦和劳累。我也经常用自己的发展经历为学生铺开一条思路，只要坚持，早晚会开窍。

在和学生打交道的过程中，有一点也很重要，每当涉及经济问题，我有一条重要的原则，那就是各种原因打入学生账户的钱，绝对不让其再回流到我的个人账户中。在多年前，发SCI论文会得到奖励，这个是时代特色，也确实激发了早期国内科学家在国际上发表文章的热情。作为导师，我从第一篇学生作为第一作者发表的论文开始，就立下规矩，

写文章的奖励全归第一作者的学生。学生当然不是为了奖励而写文章，但是这种做法让学生感觉到导师的关怀，毕竟在读博士期间，多一大笔零花钱，还是非常重要的事情。

总之，作为导师，只要行为端正，好学向上，就可以直接影响学生的日常行为。整个课题组的风气就不会差，大家的积极性也会高昂。

（2）学术第一，自信前行

一个好课题组，其团队文化的核心目的是让学生的学习和身心两方面都正常成长，适当加速。学术提高，是一个学生最大的心愿，也应该放在培养学生的第一位。如果导师自己的思维不清晰，无法给学生及时和正确的学术指导，导师具有再好的性格也是枉然。

导师给学生的学术指导包含两个重要方面。第一个是学术方向的确定。培养研究生的第一目标是使其在该学术领域具有独立工作的能力，获得足够的知识背景，能够在某一方向"青出于蓝而胜于蓝"。这就要求导师要有清晰的思维，为学生指点一个前沿方向，给学生足够的发展空间。如果导师只让学生处于打杂的地位，辛苦几年，完成个论文就走人，实验室名气虽然变大了，但是学生却成了垫脚石，这对于学术发展得不偿失。开辟一个新领域方向并不那么容易，尤其是对于新上任的导师来说更是如此。如何让学生之间的研究尽量不重叠，同时又保证在同一体系下做研究，既独立又联合，这需要高超的设计。要让学生成长为大树，导师这棵大树就要有献身精神。要主动为他们留足阳光照射下的空间。导师做到这一点很不容易。

第二个方面就是要在关键时刻，为学生的科研难题及时解惑。无论是仪器、方法，还是数据解释等方面，一个好的导师要随时做好给学生解答的准备。要想做到这一点，导师强大的知识储备、缜密的逻辑思路、快速的应变反应，以及创新的能力等都不可缺少。导师以身作则就是重要前提。我自己也经常和学生讨论他们最近读的文献，及时补上知识的空缺，或者经常与学生探讨最近读文献的心得，交流思想。

只要学术方向制定对了，科学问题和解决思路明确了，学生就会认可这个团队，也会有积极向上的动力。同时又不会造成科研内卷的情形，反而有相互促进的动力。我鼓励学生们相互学习，共同拓宽知识背景与研究思路。合适的科研项目是这一点能够成立的前提条件。

只要学生们在科研上有所得，成果能及时产出，这个学科组整体上的风气就会积极乐观，自信心满满，对前途的预期也会向上。这对于构建一个正反馈的团队文化至关重要。

（3）因材施教，信任优先

作为领导，希望每一个下属都积极能干。作为导师，希望每个学生都光明向上，思维活跃。作为家长，希望每个孩子都能成才，光宗耀祖。但现实并非如此。只想"摘桃子"的导师，并不是一个完全合格的导师。

我表达过这样的观点，学生和导师相遇就是一场缘分。我无法挑选每一个都合我意的学生，我也没办法让每个学生都像我自己一样自律。但是，既来之，则安之。这个安，一方面是学生心安，另一方面对导师来说，也需要心安。

能够考上大学，并如期来读研究生的学生，其智商不会低。差别最大的还是信心与自律，以及面对困难时的抗压能力。从我的角度来说，我会给予他们充分的信任，放手让他们去闯、去做。做错了不要紧，只要不是原则性的，该批评就批评，该指导就指导，下次不再犯同样的错误即可。

大部分同学在这种被信任的环境中，自信心会逐步提升，整个团队的精气神就会高昂。

批评学生不是不可以，但是要建立在信任的基础上。如果学生还没有和导师建立好信任关系，不要贸然批评，而应以鼓励为主。刚入师门没多久，一次严厉的批评就会把师生关系推入泥潭。这种小错误，年轻的导师最爱犯。

对于一些学生，等待其成长，导师的耐心非常重要。只要导师有自信，学生自然就会随之自信起来。学生因各种原因产生迷惑、萎靡不振的情况下，要耐心，等待其恢复状态。我的学生中，有一些会浪费1/3~1/2的时间来处理诸如感情纠纷等问题。在剩下的一半多时间里，则刻苦用功，及时完成学业。每当他们自责和遗憾当初自己为什么没有好好利用其他时间时，我只能是微微一笑。只有足够的耐心才能够等到学生回心转意，好好做科研。

所以，给学生足够的空间和环境，及时引导，因材施教，是一个团队文化的灵魂。

以上的探讨都在精神层面，属于非物质文化。谈及文化时，我们还要有物质文化相匹配，这样二者才会相得益彰，显得不那么空洞和教条。那么接下来，我来谈谈如何去建设物质文化。

（4）打造名片，树立品牌

一个团队要有一个朗朗上口的口号或者标识，这样就会无形中传递团队的精神和认同感。针对我们团队的研究背景，我创新了一个方向，叫作海洋磁学，实验室叫作 Centre for Marine Magnetism (CM^2)，CM^2 开的会议，叫作 CM^2 Meeting，简称 CM^3。CM^2 显然是在向 MC^2 致敬，让学生们记住科学的伟大。

CM^2 出版自己的杂志，叫作 CM^2 Magazine。学生们每周每人翻译一篇前沿文献的摘要，图文并茂，向国内同行发布。这样做有几个好处，第一是训练学生的奉献精神。要和大家一起分享自己的科研所得。第二是增加学生的文献阅读量。只要坚持下来，一年靠 CM^2 Magazine 就可以多获得 400 篇文献的信息。几年研究生学习下来，就额外增加至少 2000 篇文献量。第三，训练学生的坚持能力。阅读文献，能够坚持下来，形成习惯，本身就是最大的收获。第四，让学生体会到，自己是有能力持续做好一件事情的，使其逐渐获得信心。

目前，CM^2 Magazine 已经办了 100 多期，是一份厚重的礼物。在这个坚持的过程中，学生也遇到过气馁、积极性不高等情形。在我的指引下，他们还是坚持了下来，并逐步认识到我以上提及的目标和内涵。

"轻松团队"，每一位成员都乐在其中。虽然不能避免学生之间产生摩擦，有一些小意见，或者也不能避免学生对老师有些看法，但是可以肯定的是，大家在这个团队中有所得，有所依。在 CM^2 轻松团队可以快速成长，做自己喜欢的科研。在团队学习这几年，是值得回忆的一段日子。大部分学生和博士后在即将离开的时候，都依依不舍。

（5）鼓励独立，自我成长

培养学生的最终目标就是让他们成才，能够独立进行科研工作。于是，我会鼓励他们进行自我管理，定期举行小组活动，相互探讨，相互帮助修改科研论文，相互进行专业指导。在这个过程中，我也让学生提前换位思考，了解指导别人时的"苦恼"，科学思维交锋时的艰难。等再和我进行交流的时候，会恍然大悟，更好地发现学习工作中的不足之处。

以上这些独立的工作可不是放任自流。导师鼓励学生独立，可不是自己当甩手掌柜，用学生成就自我。我会很高效地和大家交流，不时去到他们的办公室，每人5分钟快速交换想法和数据解释。在任何关键时刻，都要把船的方向摆正，剩下的就靠他们自己努力去划桨，冲向下一个节点，我则提前在那里等待他们。

要想达到这样的效果，师生间需要很强的默契，需要学生对老师的信任。

当团队成员被团结、自律、热情、创新的课题组文化中包裹时，他们的创造力是惊人的，成长速度会超出预期。大家不会感觉到寂寞和无助，他们信心满满、相互促进、相互监督、相互鼓励。这也为我留下了更多的时间和空间，去开创新的方向，获取新的资源，为解决新一轮科学问题做更充分的知识储备。

（6）师生有别，掌握分寸

我们关心学生，与他们打成一片。但是，我们还要防止走另外一个极端，和学生打成一片，师生辈分错乱，师生关系变成朋友关系。甚至和学生闹别扭，降低了老师的身份和尊严。这样处理的坏处在于，你的批评和建议将失去权威，你的管理也可能失去效力。

总之，课题组文化是一个开放包容的文化体系，开放性表现在知识体系的开放性，对外服务的开放性。包容性则体现在对成员负面情绪的包容，对暂时遇到困难徘徊不前的包容。

课题组团队文化对大学文化的促进

　　在课题组文化之上，是院系文化和大学文化。作为教授，不可能在大学中独善其身。大学文化的整体构建，最终还得靠一个个教授合力而为之。大学文化也是开放包容的，这一点和团队文化别无二致。但是，大学文化的包容性还在于容许不同类型导师的团队文化建设。作为一个学术共同体，纷繁复杂的团队文化类型，应该遵循大学的整体文化特性。过于反其道而行之，对课题组文化和大学文化都不利。作为大学文化的两个单元，校园文化和课题组文化之间要有合力。

要防止学生"误入"师门。学生和老师之间的风格差异太过明显，会对师生之间的交往产生巨大的伤害，师生反目不是个案。团队文化之间的良性交流会是一个非常有用的提升方式。虽然我们注重每个教授的独特风格，但是也不能因此就否认一个特定团队中，会存在某些不良习惯而不自知。向上的文化风气，相互之间还是能够相互识别、相互学习的。有一些构建团队文化的技巧，也可以在交流中得到充分的应用。这可以认为是另外一种文化交流。

目前，团队之间的文化交流还偏少，也没有专门的研究。造成好的文化经验没有广泛流传，一些不好的做法反被认为是特色，而不能及时被纠正。我们不可能让所有的团队都具有相同的文化特色。但是，只要去讨论，总能辨析真伪；只要去交流，总能发现解决问题之道。

我希望大学欣欣向荣，用课题组文化交流进一步推动学科之间的实质性交流。只有文化认同了，科研合作才能长久。

团队文化构建不是一朝一夕之事。作为教授，本身就是一种修行。只有自己修行上去了，才能映射在自己的团队文化中。自己不稳，课题组就会乱；自己不精进，学科组就难以成才；自己没方向，课题组整体就会蒙。

桃李满天下，连接这些枝头朵朵繁花的是坚固的树枝和树干，也就是整棵树的支撑。我们输送养分，构建这个生态体系，让花朵更艳，让下一代的种子更饱满。

培养学生：培一程、陪一程、送一程

培养学生，慢工出细活。

在每个阶段，学生的思考模式不同，所遇到的问题不同，会导致不同的烦恼。做好每一阶段的导师，就是根据这些不同特点，针对性地解决学生遇到的问题。

从统计意义上讲,在本科生到研究生开始阶段,很多学生的科研经历几乎为零。虽然有些同学在本科阶段就已经参与了一定的小科研,甚至发表了文章,但是总体说来缺乏系统性。除此之外,学生的情绪并不稳定,对科研的前途充满未知。根据这些特点,在这一阶段,导师的主要任务是培一程。

读研阶段,学生遇到的问题主要有两类:科研与思想。

在科研方面,他们最大的问题在于不能尽快找到科研方向,浑身有劲儿无处使。看到身旁的师兄弟姐妹兴致勃勃地做实验,讨论问题,压力感和挫折感会与日俱增。这个问题对于刚接触科研的本科生来说一样存在。

对于这样的学生,导师就要放低一点要求,协助学生找到最合适最切实的方向,以培训研究思路和能力为主,同时兼顾科学产出。这样做的目的是让学生步入正轨。跑道都偏了,何谈比赛。步入正轨了,即使慢点,学生最终也能跑到终点。

培养学生确实有很多技巧,做好思想工作是第一要素。要让学生感觉到科研的魅力,找到科研的乐趣,及时获得科研的成就感。好的科研团队文化建设,对学生群体来讲事半功倍。

如何让同学在竞争环境中保持自己的心态稳定与独立?

独立的科研体系和系统的培养是保障。我会尽量让每一位同学拥有较为独立的科研方向,避免内卷竞争。同时,他们之间可尽情交流,相互学习各自的领域,扩大知识面。每个学生的科研进展速度有差别,发表成果的时间有先后。但是,整体都可以在较为平和的心情下,既为自己的师兄弟姐妹的成就而高兴,同时也增强自己的自信。在团队中,个个都可以成为科研好手。

但是,对于本科生来说,情形并不相同。建立一个科研小组,几位同学共同做一个课题,相互依靠,团结协作,我个人觉得是很好的方式。这锻炼了同学们的团队合作能力。在遇到困难时,大家一起想办法,不会让任何一个人受阻而失去前进的动力和兴趣。总之，对于本科生，科研教育不能功利化，以引导和体验为主，根据同学们的不同悟性和能力，渐进式地向前开拓。

对于科研培养，导师自己一定要自信，确保研究方向不出大的偏差，要能够和学生一起在新领域耕耘，这是一个合格导师应该有的基本素养。

在这一阶段，学生遇到的第二个主要问题是思想问题，包括家庭、个人感情等等。我有相当一部分学生在感情方面不顺利，有高达1/4的时间无所事事。面对这种情况，作为导师不要去责备他们，而是要耐心劝导，不要在科研上再增加压力。所有感情出问题的学生，当他们身体激素恢复正常后，都能够正确认识自己感情的不足之处，再接再厉，扬帆启程，为了追回丢失的岁月，科研动力反而大增。

本科生遇到的思想问题并不比研究生少。我经常遇到这样的情形，在我看来并不是问题的问题，就能在学生那里掀起情绪的轩然大波。

这里面有太多的教育技巧和理念。其中我最钟情的一个就是"一个也不能少"。按照不同学生的背景、能力和性格，进行分类培养，该帮就帮，该严格就严格。避免用同一种"严格培养"模式去对待所有学生。

总的说来，这种培养模式注重的是过程，属于全过程调整追踪。等到快毕业了，学生没成果，导师祭出学生不努力这一万能理由，在我看来说不通。至少，导师作为学生学术的第一看护人，没有因才推动，没有尽好导师的职责。

对于博士后，他们经历过了研究生培养，体验了科研流程。这个时候他们遇到的最大问题就是科研方向和人脉的拓宽，以及成果的积累。这是一个重要的学术转折期。

很多人认为，他们都到了博士后阶段，科研智商和情商应该成熟了，所以就应该以更加成熟的方式去工作。如果导师此时真的相信上述判定，可能会出问题。据我观察，即使到了博士后阶段，学生依旧会迷茫。比如，在国内继续提升还是出国深造，是延续以往研究还是在新的课题组拓宽等。由于不同课题组的文化和研究方向不同，研究组文化融合和科研拓宽是博士后面临的最初难题。

此时，作为导师，就应该根据博士后的具体特征加以分析，客观地评估以上问题，争取达到最佳的融合方案。如果博士后和之前的课题组没处理好关系，就要做好其思想工作，让博士后起到桥梁作用，让两个课题组加强交流，效果显著。如果博士后之前的课题和文章没有完成，不要阻拦，而是积极加强讨论，看是否有新的思路、数据和观点可以加入，这样也可以拓宽本组的交叉研究领域。

当然，作为导师，需要协调博士后之前与之后的科研内容。切不可直接窃取前期课题组的成果，造成两个组之间的矛盾。

科研没有纯科研之说，只坐在自己桌前做事的博士后，日后很难有大作为。

来到一个新的课题组，其最大的目的是学科交叉，拓宽思维。作为导师，其开阔的学术视野和学术品格是博士后的最佳输入。积极调动博士后们的能动性，让他们参与课题组的研究生和本科生培养，作为课题组的主要中坚力量，体验将来自己建立课题组所需的方方面面。

加强博士后的高水平产出，为他们日后找到称职的工作打好基础。

此外，博士后需要开始建立自己的科研人脉，应鼓励其积极参加学术会议，去做科研报告，积极参与各类项目申请，等等。博士后甚至也可以申请到面上项目。只要是金子，大家就是认可的。

总的说来，与培养博士不同，在博士后阶段，导师的作用主要是陪伴其成长，尽量让他们自己去解决问题，而不再是手把手教。该他们完成的事情，一定不能打折扣。对博士后全方位能力的培养，是一个挑战。

到了初始教职阶段，无论是从讲师还是从教授起，又是一个新的起跑线。这一阶段，我把它总结为"送一程"，也就是再护送一下。

到了初始教职阶段，作为一个科研人员就成熟了吗？到了我这个年龄，回头一看自己，或者看自己找到教职的学生，一样不成熟。

　　之前在博士和博士后阶段，在学术圈子里，大家对他们很有容忍心，毕竟没有正式工作，还处于学习提升阶段。但是，一旦步入正规身份，大家成了同事，处理方式就会相应地变化。比如，我的学生就曾经戏言，刘老师你就别申请面上项目了。你多申请一个，就会让一个年轻人少了一分机会。虽是戏言，但也不无道理。因为毕业后有教职的学生就成为了学术上的合作竞争关系。

　　对于我自己的学生，我会从自身和他们的学术方向发展进行双重调整，尽量不冲突。这在博士生培养阶段就要开始注意，至少目前我和我培养的已毕业的研究生之间，没有发生学术方向冲突，这一点并不容易。

在这一阶段，如果过于封闭，不爱听从年长教授的建议，年轻学者们会非常容易走入误区。

此时，他们会遇到一些压力，比如，入乡随俗，科研内容需要较大调整；上课没经验，事倍功半；和同事之间处理不好关系；等等。

在"送一程"阶段，我会和学生们保持较好的交流关系，从更平等的角度来阐述所需注意事项。比如，探讨如何建立新的关系、建立一门优质课程、找到新的科研契合点、进一步拓宽科研方向、着手建立自己的科研领域、免费让学生回来做实验、讨论培养学生的心得、在新单位找到提升自己的方向等等。

这些大的问题，对于新入职的科研工作者来说是共性问题。积极探讨，可以让他们少走弯路，始终保持可以提升的动力和热情，不要逐步变成井底之蛙。

良好的师生关系，会让学生从学生变成学术伙伴，共同扩大研究领域，达到共赢。而这种师生关系需要建立在长期的培养之上。作为导师，要了解他们在不同阶段所需，切中其痛点，有针对性地逐渐改变他们的不合理的科研思维和习惯。能够用这种长跑的思维去培养学生，就不会太在意一时的得失，就会更有耐心。

最后，我总结一下，对待学生的态度要"一个也不能少"。其原理就是"天生我才必有用"。

研究生培养

和本科生教育不同，研究生教育的重点在于培养学生的科研系统性、创新性，以及独立性。难点在于每个学生的性格与背景都不尽相同，无法用统一的模式来培养。导师对研究生顺利成长至关重要，在各个发展阶段都要掌握好平衡。

培养学生，没有捷径。

（一）科研系统性

树木要想正常生长，需要地下一个庞大的根系系统来支撑，科研也如此。我们的知识架构包含多个层面，最主要的一层是方法论，也就是指导自己如何学习的能力，下面一层才是各种专业的知识。如果把知识体系比喻成一棵树，我们所需的知识就包括树根、树干、树叶、花、枝头水果等等。作为一个画家，首先要把握整体的轮廓，在这基础上，就可以自由随意地画画树叶，描描树干，突然又转向枝头的水果，然后又发现叶子画得不够仔细，于是把叶脉也画得栩栩如生。在这个过程中，画家看似自由随意挥墨，可是一会儿，就如变戏法般，一棵大树跃然纸上。初中开始学习写散文，老师只给了一个原则"形散而神不散"，说的也是这个道理，只要把握好方向，看似自由的行文，其实都围绕一个主题在思考。做科研与读文献就要达到这样的效果。最初会发现文献浩如烟海，或者沿着一个方向一直读下去，无穷无尽，忘记了自己的初衷。所以，在读文献前，一定要确定自己的目的，要解决什么样的问题？把这个原则铭记于心，这样就会在适当的时候回归到主题，而不至于在一个细小的叶脉上花费太多时间，而忘记了要完成一棵树的创作。

人的精力有限，不可能样样精通。在各自的科研体系中，自己是核心，让其他人围绕着我们旋转。比如，地球有月亮围绕，太阳有行星围绕。一个研究生也要有这样的思维，学会与别人分享与合作，弥补自己知识体系的不足，这样科研效率才会高。

（二）科研创新性

创新的含义是增量以及与众不同。学的知识再多，没有增量，就等同于没有科研。

我的一个博士后在申请基金时，方法很创新，但很不自信地说："老师，我们将来的结果没有其他数据可对比，怎样才能说服别人？"我回答说："能否逆向思维，正是因为创新，走的是别人没走的路。逆向思考一下，我们的数据将来就是别人对比的基础。我们开创了一种新方法，如果成功，则后续会有大量的工作要做，别人也可能跟进。单一的数据确实无法让别人完全信服，还需要数据的重复性，数据是否具有全球统一性等等。但是目前首先要考虑的是：原理是否正确？方法流程是否正确？推理是否正确？所以基金题目应该是《××方法的可行性研究》"学生又问："这样的题目很可能无法通过评审。万一不通过，那不就白忙活了么。"我回答："有句名言，人每天应该向死而生，才能感受今天的快乐。做事也一样，有着能承担失败的勇气，才能真正做好事情。目前基金资助僧多粥少，大部分人的努力是没有即时回报的，这是常态。但是要坚信，创新的思维一定能感染人，要敢于把自己的学术思想抛出和评审人碰撞，最后肯定会有火花。"

学生之所以不自信，其根源还在于对科研本质的理解不扎实，迈向未知世界，多走一步就会有点胆怯。可见创新之难。

从学习型到科研创新型，刚来的研究生有一个适应期。有些学生早期的表现过于热情，分配的任务没日没夜地做，想尽快出结果。其实这也可能是一种浮躁的表现。科研需要的是持续的创新能力，靠劳动密集型的方式做科研，效率并不高，迟早也会失去科研兴趣，得不偿失。做实验需要用心，做得太快，就失去了思考的余地。在实验前，最好有一个初始模型，在实验过程中，要实时关注实验结果，及时调整思路，并根据目前的实验结果，思考下一步的补充实验。

与学生讨论数据时，经常会得到这样的回答"老师，数据不怎么理想"。这种情况，一般会得到我的谆谆教导——炮轰一小时。自然界因果关系是自然科学的理论基础之一。有特殊现象必有其形成的原因。如果样品采集与数据测量都没问题，在数据质量有保障的情况下，就没有"理想"和"不理想"的概念。所谓数据理想，就是和自己的预期模型相符。所谓不理想，就是大大超出自己的预期，暂时没有新理论和模型来解释。用理想与不理想来区分数据，是思维懒惰的表现。如果有新的思路能解释目前的数据，那这些所谓"不理想"数据则是不可多得的瑰宝。

数据解释是考验学生和科研人员知识功底和研究思路的标杆。同样的数据，能够看出新意的属于高手。导师的作用很大程度上是引导学生用全新的思维来看待问题。

只有好想法与一般想法之分，没有"理想"与"不理想"数据的判别。

（三）科研独立性

做科研如养孩子。自己带孩子的时候，该什么时候给他喂饭，该什么时候给他换尿布，他出门穿的衣服是否合适这些问题，父母很自然地会全想到，因为是发自内心地想要照顾他。做科研也要达到这样的境界。做科研不是给导师或者其他人做科研，科研属于自己。孩子必须自己亲自带，科研必须自己亲身力行。当孩子生病的时候，导师就是医生，帮忙诊断与医治。当孩子调皮捣蛋管不了的时候，导师就是心理医师，帮助调理其行为。但是绝无可能让导师当全职保姆，替代自己去照顾孩子，这样长大的孩子很难成熟。

做科研如同谈恋爱。在人海中，与自己的心仪之人见面，一见钟情之后，接下来很自然地想要深入了解这个人的脾气秉性、思想深度、社交圈子、家庭背景等等与之相关的任何东西。做科研亦如此。在众多的研究题目中，找到一个喜欢的科研题目之后，肯定要进一步了解与这个题目相关的任何科研背景，包括文献搜寻、该领域的热点、该领域的顶级科学家与团队动态、国内相关研究单位等等。如果一个研究生几年之后都不知道自己领域的动态，肯定不合格。谈恋爱、养孩子这些是天性，几乎无师自通。做科研有也要有这种天性，也就是独立自主的天性，不要过于依赖导师。

比起以前的学术环境，现在学生面对的学术平台与资源要丰富很多，具体表现在实验室更加成建制，仪器和实验手段更

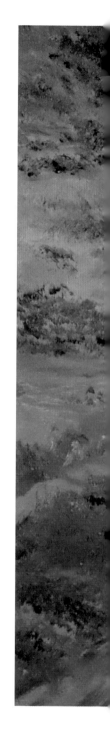

为丰富，导师的科研经费更充足，团队的国际视野比以前更高。应该说在高起点上，学生的发展应该更好。这个问题就犹如富二代的问题，其发展往往还真和预期差距甚大。

最大的问题在于学生可能变成"啃老族"。体现在两个方面。首先，面对设备精良的实验室，学生变成一个实用主义者。只要仪器有人管，能用就行，不再关心仪器的原理，不会最基本的维修，更加不会关心实验室的发展规划。其次，每当学生有问题，则倾向于询问导师，轻易获得解决方案，自己没有深入思考。这样啃实验室和导师的老，学生也可能发文章，但是缺乏独立性，发展前景并不乐观。

（四）科研深度

有这样一个故事：有一对夫妇非常相爱，但是不小心得罪了死神。死神要求这对夫妇猜拳，输的一方必须赴死。于是这对夫妇商量好一起出拳。一会儿，妻子抱着丈夫哭着说："你为什么要出布。"这时，会有两种完全不同的观点：第一种会说，这个丈夫怎么这么自私，人心冷漠。其实这是科研初级选手的反应。第二种则被丈夫的精神所感动。他知道妻子爱他，肯定会出剪子故意输给他。于是他就故意出布，把生的机会让给妻子。能够再想出这层的是科研高级选手。真相只有一个，这个妻子一定明白背后的故事。可是对于我们这些做科研的人，面对这些现象进行解释的时候，经常会得出截然不同的结论。我们要尽可能想出更多的解释模型，在争论中，会慢慢靠近真相。

（五）培养模式

地球物理反演理论中，经常先设定一个初始条件 A，根据这个初始条件计算理论预测结果 B，并与实际观测结果 B' 相比较，如果有误差 $D = (B-B')$，就用反馈机制微调初始条件 $A = A + f(D)$，周而复始，直到达到最满意的效果。培养研究生的最终目标是让其具有独立开展科研工作的能力，这也是一个具有自我反馈机制的闭合环路。而新生则具有开放的、片段化的、非线性的特征，离最终的模型相去甚远。到底该如何培养他们？很显然，线性算法基本无解，正解应该是非线性的逐渐迭代式的方法。

对于我的学生，刚来到研究组，我会先设定一个初始模型：设计一个比较明确的科研方向，设定较为具体的实验过程，提出具体的科研文献和所需掌握的专业知识，之后开始每周迭代。根据每周的进展，进行各种微调。当实验结果最终完成时，文章的思路和写作规范也逐渐掌握，就可以进行写作的训练。同时，让学生根据先期数据，自己尝试性地提出自己的想法，并开始第二轮的迭代过程。学生的悟性不同，所需迭代的次数也会不同。这样，学生不但有阶段性的成果，自信心增加，而且距离最终目标也会越来越近。

这种培养过程，师生之间需要良好的沟通和相互反馈。第一次的迭代过程最为重要，这是反演结果能否趋向收敛的基础。很多情况下，导师和学生的矛盾就发生第一次迭代的过程中，导致最终的发散结果。一般情况下，导师占据主导地位，应该负主要责任。

培养学生非常不易。从外在环境考虑，学生会面对各种诱惑，包括不良评价体系带来的负面影响。从时间上考虑，培养学生的过程很漫长，在5~6年中，学生会遇到个人情感和家庭带来的压力，无法集中精神，浪费很多时间。从导师角度考虑，导师的思路也未必总是正确的，从而与学生之间会有些冲突。纵使有种种不利因素，我只要求和学生如交叉的两个矢量，方向不必完全一致，但是合力一定存在。这个合力指向着科研的一种方向。

（六）文章的重要性

研究生，尤其是博士生，其培养的最终目的是要提升独立的科研能力和思维方式。这和训练上战场的士兵或者上擂台的武士一个道理。最初要学一些套路和花架子，也就是基本功，但是实战这一关无论如何也得过。没有实战，在战场上或者擂台上可能都不知道怎么被击败的。对于研究生来说，写文章是最接近实战的一种训练。对于建立他们的自信心、完善逻辑思维、提升总结能力和沟通能力等无疑是最有效的手段。谚语云"是骡子是马，拉出来遛遛"，或者"丑媳妇最终要见公婆"，说的是同一个道理。如果学生只知道读文献、做实验，没有最后写文章，也就等同于足球不能射门得分。

"啃老"的学生往往有两种倾向：其一他们觉得做研究并没有太多乐趣和成就感；其二他们可能会陷入文章数目的陷阱，而忽视了科研成果本身。为了发文章而发，简化实验步骤和数据，用一些猜想来代替本应该去做的实验，其文章结论似是而非，这样的文章越多越有害。发文章以成果为导向和以数目为导向的最大区别可能也在于此。凑文章数目，就是以最小代价为前提，只要能发就成，不注重数据的可靠性，这就造成为了发文章找噱头，以发表为乐趣。而以成果为导向，则会尽可能充实数据，减小推论的多解性，不但可以提出新想法，而且能经得住后期检验。

学生在浮躁和真科研的两个端点徘徊，导师要及时发现这种现象，和学生做长期的"斗争"，并且以身作则，让学生体会科研的创新和成就感。师生关系可以很融洽，但是在学术规范和科研思维训练面前，导师必须坚持原则，很多时候要以"斗争"的方式解决。

（七）师生关系

张艺谋导演的电影《一个都不能少》感动了无数人。其核心价值就是，犹如父母对待孩子一样，老师对学生有着天然的责任。孩子是父母基因的传递者，学生是老师文化知识基因的传递者，二者是构成社会不断进步与发展的平行线，缺一不可。

作为导师，每个人都有自己的培养思路和方法。大致可分为两类：第一类是只要教导的学生中有一些成才就满足了。第二类是争取自己的门下都有前途，一个也不能少。我个人倾向于后者，虽然实施起来很难。学生跟随导师3~6年，导师对其前途的影响无法估量。如果一个硕博连读的学生6年都不能正常毕业，作为学术"监护人"的导师一定有不可推卸的责任。每个学生都不一样，学术能力和性格千差万别，有的学生甚至连沟通都有问题。这就要求针对不同的学生要有不同的策略，在人生规划、学术规划等方方面面加以追踪引导。一个也不能少并不是要求每个学生都成为学术精英，而是要求每个学生都能正常成长，和"博士"要求相符。

有的学生说："老师，你对我们期望太高了。"

我回答："严师出高徒，外表威严只是一种，更深层次的是在学问角度的严。没希望、有希望、理想的实现是三个层次。有的学生，还处在第一个层次，不能对他期望太高。有的学生已经表现出一定的科学素养，要让他看得更远些，为实现自己的理想而努力。这时期望高些是一种鼓励，但更是一种严厉的推动。"

学生又说："老师，我希望我在各个方面都表现好，你一批评，我就灰心，懊恼为什么自己就没想到。"

我回答："人无完人，不同的经历造成视野的不同。培养学生就如同雕塑，对每个不好的地方都要精雕细琢。批评一个问题并没有否认你的全部。比如，批评你的人际交往问题，和你的科学思路无关，不能回答我说昨晚加班写文章很辛苦。"

挫折教育要从小做起，对于优秀的学生应该注意这种挫折教育。

通过多年的研究生培养经历，我真正体验到"人类灵魂工程师"的含义，对每个学生都要精雕细琢，按照不同的方案，在循环迭代中，逐渐提高，达到师生共赢。

第十三章

如何跳出自己的思维怪圈？

思维怪圈

刘慈欣的著名科幻小说《三体》中，描述了高级歌者文明向太阳系扔了一块"二向箔"的场景。三维的太阳系最终变成了一幅二维的画卷。我们人类的思维也有不同的维度。每个人都具有不同的知识背景、社会与生活经验、自己固有的性格思维导向等等，这决定了每个人的三观可能不一致，对世界的认知和做事的方法更不尽相同，形成了不同的思维维度。这个维度的划分比简单的一维到多维的物理世界划分还要复杂，如果用多重世界的多个维度来比喻可能更合适。

"人是社会的人"，其存在价值不只是自我成长，还需要与社会发展发生联系，贡献自己的力量。为了有效地进行沟通，人类社会的文明体系中会简化出一系列可操作的社会准则，形成日常的行为标准。在个人与社会的协调发展中，个人需要让渡一些自由与利益，来维持整个社会结构的稳定存在与发展。因此，个人与社会发生联系是社会发展的必然需求，也是自我生存，并实现自我价值的重要法则。

那为什么我们有时候不愿意和外界沟通，或者沟通渠道不顺，陷入自己的思维圈跳不出来？

在一群蚂蚁行军的时候，最怕陷入循环模式。蚂蚁大军绕一圈，首尾相连，自洽且无尽循环，其最终结局就是整体精疲力竭，完全在做无用功。

在大学生活中，我们有无遇到这种情形？

我来举一个例子。采用学分制的大学，如果再配上自选专业，其优

点非常明显。学生会充分利用第一年第二年来了解大学的专业设置以及
教授课题组的研究内容，通过前两年的充分探寻与磨合，发掘出自己喜
爱的专业方向。与之相反，有些大学要求报考固定专业，上大学后如果
学生不喜欢，会造成个人的感情和资源浪费，让学生痛苦万分。

前一种模式对于学生就万事大吉了吗？事实并非如此。有些同学会
陷入另外一种循环模式。在大一大二由于各种原因，不进入专业学习，

没有学习的主导方向，选的课程不成体系，于是更加无法顺利进入后续的专业学习，形成一个怪圈，甚至最后无法完成学业。

面对这种情形，就像股票投资一样，一定要有及时止损的思维。有的学生只想进入热门专业，但是无法达到进入专业学习的标准。在这种情况下，最好的方案就是退而求其次。选择一个可行的专业，及时完成学业，为自己后续发展赢得时间和空间。

有的学生如之前所说，遇到了精神性青春期延后的难题而不自知。他们缺乏自主学习的能力和动力，或者沉迷于游戏，或者不愿意去挑战高深的知识体系。我经常听很多老师抱怨，自己课堂上总是有一些同学平时不交作业，而平时作业要占50%的最终科目分数。这些同学无视规则，在这种情况下，即使期末考100分，也无法通过此门课程。有的学生甚至不参加期末考试，或者是睡觉过头，或者是故意逃避，属于典型的鸵鸟政策。暂时不去考试，就避免了参加考试的煎熬。

这些情形并非匪夷所思，而是都有很多案例，实实在在地发生过。家长们不理解，很多老师也不理解。

这些学生真的不愿意沟通吗？我觉得不是。任何一个个体，其本性都希望自己的人生精彩，获得社会的足够认可。只是他们陷入了自己的思维和行为怪圈，难以自拔。

预防思维怪圈

解决思维怪圈问题的方式，首先就是充分预防，避免进入，其次才是补救，以求跳出。

我听到一个很有哲理的故事。常人都说华佗是一个神医，能医治百病。华佗自己向众人说："大家觉得我是神医，因为我治疗的都是已经发作的病，显示度高。我的二哥比我厉害，他在病情还没扩散时，就已经给医治好了。我大哥比我更厉害，他通过养生，让他人不得病。可惜的是，我这两位哥哥的医术显示度不够。"

要想预防，首先还是要充分理解这种怪圈思维，以及自己所处的思维状态。

一个人变得成熟后，就会理解遵守规则的含义。公平地说，社会规则是为运转方便而制定的普适性规则，而不是单独为某人制定。换个角度来说，这个世界和社会并不是，或者并不只是为某位个体而设置。因此，总有一些规则不符合我们的利益和审美观点，从而使我们想去挑战。

我听到过一个真实的事件：某位学霸型的同学，认为学校某次活动的规则不合理，直接写了一篇文章，放到网络上去。老师为此而不得不道歉。多年后，该同学才体会到自己的鲁莽。而自己也因为有了这样的强势性格，真正走到社会上之后，遇到了不少的麻烦。

从某个角度来看，这位同学的建议有无道理？

肯定有！

是不是非要为此而挑战老师的整体组织？

大可不必。

我个人觉得，从管理角度来看，千万不能觉得自己真的比现任管理者更聪明，更有智慧，更有条理。很多制度本身就无法满足所有人的利益。就像欧洲的某些国家实行普惠制度，个人待遇非常高，最后国家财政都无以为继。一个发展中的学校，一个想要快速提升的学校，必然要在某些方向集中更多资源。当我们参与其中时，要充分理解学校所处的阶段。

那么，我们是不是就应该无视规则的一些不合理之处呢？

当然也不是。作为员工和学生，其一线体验非常重要，合理的信息流动，个人与组织之间的信息沟通，尽量和谐地解决问题，才是正常之举，成熟之举。

我们除了要重视规则，还要坚守自己的初衷，关注问题的主要矛盾所在。我们生活中总是会遇到各种小问题和烦恼。这些小烦恼在某些同学眼中是非常严重的问题。比如之前我列举的那位同学，刚来大学找不

到朋友，很快就崩溃了。其实，不要说是一位同学，就是一个成年人刚来到一个新单位，几个月内就交到知心朋友也是一件很困难的事情。

　　显然，这位同学忘记了来大学的最本质目的，是让自己获得知识，开阔视野，思想变得成熟。上面遇到的交友难题，本身就是一个大学生需要去克服，提升社交能力的过程。大学的资源很多，但是需要自己努

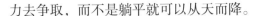

力去争取，而不是躺平就可以从天而降。

认识到思维怪圈就在身边，并不遥远，我们就要积极去预防。我给出如下两条简单但是实践性很强的建议。

第一，坚持一项积极的业余爱好。

人的大脑非常奇特，通过反复训练就可以在大脑皮层中留下深刻的印记，并随之感觉到快乐。比如，我们跑步时就会有这样的体验。刚开始跑，浑身疼，跑了没多久就气喘吁吁。坚持下去，过了一段时间，身体开始适应，跑起来步履轻盈，也能体验到跑步带来的身体愉悦感。然后，跑步就成了我们生活中的一部分，每天不去跑一跑，不出一身汗，就不自在。最后，跑步成为自己的专属时间，边跑还可以边思考。人的身体对快乐感和幸福感的体验完全不一样。几乎所有让人立刻就快乐的事情，沉迷下去都会造成很大的伤害，比如暴饮暴食，沉迷于手机和游戏等等。很多需要克服才能达到的成就，最终赋予我们的是幸福感。这些深层次的快乐，对于身体系统非常重要，需要我们去坚持。

第二，做些公益、学会付出。

人是在付出中成长起来的，光靠索取无法达到最终的目标。有一个求职的节目让我印象深刻。一位名校硕士生，在台上侃侃而谈，说自己如何厉害，有很多高级证书，做啥像啥，以至于自己不知道该往哪个方向发展。主持人大怒，这个著名的学校培养的应该是心有家国天下的人才，怎么学了这么多年，还沉湎在自己的小思维中。

客观地说，主持人的观点我还是赞成的。一个只想到自己的人，很难真正成才。从另外一个角度看，这位学生就是典型的陷入自己思维怪圈的一个例子。其核心问题在于，自己一直很优秀，一直获得各种荣誉和赞美，而其付出偏少。这位同学在成长中如果早早得到指点，多对外付出一些，就不至于思维狭隘，成为一个可疑的"精致的利己主义者"。

很多人都是在自己当了父母之后，才知道自己父母的伟大和艰辛。父母过去的默默付出被忽视了。父母给的关怀被当成理所应当。我们在交友中也会遇到这样的情形。只有相互有关怀，相互有付出，才能获得共鸣。当一方开始聚焦自己的想法和利益时，朋友间的情谊也就开始慢慢瓦解。

在大学，我们有很多机会付出，为大学和身边集体贡献自己的力量。通过这种付出，可以极大地提升自己的思维免疫力，让自己变得更有责任心，更开阔，更开放，更开心。

进入思维怪圈的过程不是一日而就，所以具有很强的迷惑性，让自己逐渐深处其中而不自知。如果自己脸上沾了一点污迹，发现它的最好办法有二：别人告知或者自己主动照镜子。

很多情况下，我们要相信身边大部分人的判断。如果大部分人都觉得你的行为有些异常，自己就要足够重视。我们影响了个别人，或者被个别人不喜欢，这非常正常，我们敬而远之即可。但是，如果身边的朋友和老师都提醒你出现了某些问题，而自己还不自知，就不能忽略。

另外，就是要照镜子。这个镜子到底是什么？第一面镜子就是对比。所谓对比出真知。如果寝室的同学早晨都积极起床去运动，去早读，而自己则睡懒觉，甚至错过上课时间，这显然就偏离了一个学生的正常作息。这从侧面反映出自己的精神状态可能出现了问题。第二面镜子就是读书，让自己知识充盈，了解自然与社会的运转规则，逐渐形成完整的三观。有了思维根系的支撑，就可以在暴风雨中挺拔不倒。

跳出思维怪圈

如果发现自己已经进入了思维怪圈，就要积极面对，寻求帮助。有些同学希望靠自己的努力来改变这一现状。有的小情绪波动类似于感冒，完全可以自愈。但是，如果症状比较深，自己的思维已经受阻，就像蚂蚁大军已经形成了行军闭环，光靠自己就远远不够了。

首先要积极面对自己的思维难题，像体检一样，积极做一次心理咨询，评判自己的情绪状态。要相信专业人士的判断，如果需要一些药物辅助治疗，也要积极面对。我曾经遇到过很多家长，不相信自己的孩子会出现思维问题，拒绝让孩子吃药，错过了治疗的好时机。

有一位同学和我谈及了自己的思想波动，我告诉他，从谈话的第二天早上开始，按时6：30起床跑步，洗澡后去吃一次热乎乎的早餐。起床后，微信向我打卡，我也会时不时去操场监督。这位学生在坚持一个多月后，发信息说，刘老师，从明天起，我可以自己起床，不用再打卡了。

这位同学的做法就非常积极，寻求身边老师的帮助。

因为阅历不同，很多学生自己觉得天大的事情，在成人思维里都是可以被解决的。比如，经常听说有些学生被骗学费，或者玩游戏，在手机上借了高利贷，无法偿还，最终出了大事。这些学生如果能够及时和老师家长交流汇报，问题都能够解决。

所以，我认为，解决学生的思想问题，老师家长和学生两个层面要积极协作。目前有个词很流行，叫作共情（empathy），换句话说就是换位思考。这涉及两个不同维度的共情。

第一种是平级共情。这种相对来说更容易，处于同一层级，不需要克服太多能量就可以实现思维跨越。同龄人更容易交朋友就是这个道理。

人无完人，每个人必有不完备的一面。

盛极而衰，世间万物都在循环中转化。

这两个基点决定了我们在人际交往中的准则，可概述为"和其同、欣其荣"。

我们身边的人，有的才华横溢却心存骄傲、有的意气风发却缺乏稳重、有的机灵古怪却内心敏感、有的观点犀利却思维受限，不一而足。正是因为各自的缺点以及对方的优点，才造成了类似于电子传递造成的化学键，把不同的元素绑定在一起，形成一个朋友群的文化。

我们必须意识到各自的性格漏风之处。平时无所谓，一旦风雨大作，漏风之处就是风雨渗入，造成屋内一片狼藉之因。可是，我们漏风之处堵住就可以了吗？此时，就需要开始考虑通风，始终保持屋内空气新鲜。在漏风和通风这被动和主动之间，修补我们的习性。交流是生命之本，朋友间可修补漏风，可缺乏了朋友间的进一步通风交流，内心世界自成体系，陷入思维漩涡，自己的逻辑怎么都是自洽的，是正确的，容易形成魔障，朋友的关怀反而成为累赘。

人和人之间终归是独立的个体，需要各自的生活体验，可共享，但是无法取代。保持独立的思考，并与朋友交流，这本身就是一种平等的体现。

学会欣赏，修补漏风之处。

学会共荣，打开通风之门。

和而不同，自然交流。

同而不和，随风而逝。

第二种则是不同维度的共情。比如家长、老师和学生之间的共情。这个就相当不易。学生因为缺少阅历，很难主动理解老师和家长的世界。让家长、老师与学生共情，就需要长者主动降低自己的视野，真正去理解年轻人的想法，这个需要更多的技巧。

我们必须注意到，学生们的很多思想问题和家长密切相关。思维的培养是个长线过程，家长和家庭教育在孩子早期成长中起到至关重要的作用。

第十四章

理工教授的感悟分享

朋友的重要性

在流行歌曲中，让人感受最深的歌词，除了爱情，就是朋友和友谊。比如臧天朔、谭咏麟和周华健都唱过《朋友》。一个没有朋友的人，必定是不完整的人。我们现在已经习惯把朋和友连起来使用，很少再单独使用"朋"，除了引经据典"有朋自远方来"。

"朋"这个字是一根绳上串上几个铜钱的形象，五个铜钱为一"朋"。可见，"朋"最初始与最核心的内涵有三个。第一个是用绳子连接在一起。两个人，因为机缘走进了同一片时空，就有了成为朋的可能。第二个内涵就是要有价值。两个人要有各自的价值点，为对方欣赏。蜡烛单向照亮周边，这并非朋的形象。和朋最为相像的一个字是"冉"，也就是男人的两片胡须连在一起。可惜，两片胡子连接在一起，虽然有连接的含义，但是其价值太低，无法支撑朋的价值含义。第三个内涵就是价值基本对等。古人把等价的两串铜钱连在一起作为朋，最能体现当时对朋的定义。这其中还隐含着一个深刻的含义，也就是朋中间的绳子断了，作为朋的基础也就没了。

光有朋，只能说两个人有缘分，有了做朋友的基础。真正要成为朋友，必须要有"友"这个过程。

友是两只手平行放在一起，表达相互帮助，一起做事。真正的朋友，必定在有共同目标的基础上，达到升华。比如马克思和恩格斯，伯牙与子期，《笑傲江湖》中的曲洋和刘正风等等。这样的搭配，有很多很多。所以，单独用朋的时候，必定是朋友这个完整含义的简写，而非朋自身的狭义内涵。

　　有了朋友这个定义，又催生出友谊这个中间衔接。"宜"的解释为要把用作祭祀的肉平等分，这样才合时宜。谊又在宜边上加上言字旁，表示说话要合时宜，要得体贴切。而友谊，显而易见，就是作为朋友，想要表达，也不能口无遮拦，友谊的小船可能说翻就翻。作为朋友，保持良好的友谊，就是要互相尊重，说话要合时宜。在朋友交往过程中，很多人往往会犯这样的错误，觉得朋友之间已经很熟悉了，不该说的话可以乱说，这就有可能失去朋友联系的纽带——友谊。

人类起源于灵长类，观察灵长类的行为有助于我们理解人类之间感情是如何建立的。猴子之间，经常会互相梳理毛发。猴子首领也会通过这种方式，建立同盟间牢靠的友谊。从这点来说，友谊并不是人类文明特有的现象，而是在进化过程中为了生存，在很早就出现的策略。而我们人类有了语言之后，可以把友谊的细腻情感描述出来，从不同侧面丰富这个词的内涵和外延。当把这种生硬的原始友谊变成人类重要的情感寄托后，友谊就升华成友情，成为我们内心的一部分，可以在朋友之间引起共鸣，通过正反馈，把友情的含义再次放大。

所以说，友谊并不神秘，是一种与生俱来的需求。而友情则闪烁着人类特有的文明光辉。

你有朋友吗？要记住，交朋友需要耐心与时间。

学会孤独

如果暂时没有找到朋友，如何处理？

每个人内心深处都有一个空间，几乎无人能及，那里装着孤独。

能够享受孤独，是一个人走向高阶修行的重要人生指标。

繁华过后，风雪凋零枯枝败叶，仍可独自于小径欣赏。

盛宴结束，晚风吹凉残羹冷炙，仍可独自举杯茶细品。

巅峰已至，夕阳斜照下坡降势，仍可独自沿石阶下行。

这份孤独是每个人的人生固有频率。

有些人心态年轻，为何？是否故意放慢脚步，等待青年人跨越时空来此一叙？是否等待随风而来的些许共鸣？

有些人心态沉稳，为何？是否加速自己思维，追赶前方的赶路人？如夜空中的萤火虫，斑斑点点闪耀，也是自己内心中最亮的光？

秋风习习。

于北方生活时，会看到成排的大雁成人字形赶往南方。偶有雁鸣，仍在记忆之中。我没有爱因斯坦那般极致，思考骑着光的感觉。但是，

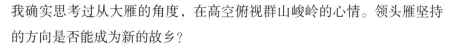

我确实思考过从大雁的角度，在高空俯视群山峻岭的心情。领头雁坚持的方向是否能成为新的故乡？

每个人内心深处都有一个孤独空间，那是和自然产生共鸣的地方。

学会等待缘分

水分子很奇妙，它整体不带电，但是由于氧原子和氢原子不对称分布，造成氧原子显示负电，氢原子显示正电，这种分子叫作极性分子。

水的一个氧原子会和相邻水分子的氢原子之间产生电磁引力。如果温度降低，这种引力逐渐克服热运动，慢慢就会从气体状态变成液体状态。当温度进一步降低，水分子之间牢牢吸引在一起，形成晶体，就变成了固体状态。

可见，任何一个水分子都有其势力范围，超出这个范围，大家各自漂泊。这个范围对于一个人来说，就是缘分。所谓缘，就是边缘。所谓缘分，就是这个边缘所影响的范围。

银河系直径10万光年，但是其物质边缘可不止于此。银河系外围有非常稀松物质组成的银晕，这个范围比银河系目前定义的范围大几十倍。银河系和仙女座星系距离大约是254万光年。几十亿年后，它们会相撞。但是，目前，科学家认为这两个星系的外围物质晕已经开始接触。它们的缘分可谓超出我们的认知。

人生有缘，也就是影响力开始相互交叠。缘分的深浅与影响范围的交叠程度正相关。

人本来就是社会性群体，这就造成了我们必然会与某一些人有缘分，就像水分子一样。在人生的履历中，和某些人有短暂接触，然后就是十字路口的朋友，扬长而去，在生命中没有留下波痕。

与水分子类似，必然要有一定的降温作用，使得缘分交叠得更深一些，才能逐渐从气态分子，变成固定的晶体。前者叫作缘分浅，后者叫作缘分很深。

从一块冰融化，变成气体蒸发，水分子四散，缘分散尽。可是如果再次降温，就那么凑巧，又有两个水分子凑在一起，这叫前世有缘，这个概率是有的，但是非常小。

缘分就是概率，概率小到一定程度就是奇迹。可是，再神奇的奇迹都有科学道理在背后做支撑。

世间最大的缘分，是宇宙的包容。恰巧在这一短暂的时刻，存在人这样能思考，并创造出文字，可以记录信息的有机智慧生物。这个时间太过短暂，我们错过了太多曾经发生的精彩，以及以后迎面而来的更多奇迹。

我想多活几年，想看看更多的将来。

浩瀚天幕

繁星点缀成星座

曾经最亮的一颗

爆炸成超新星

形成蟹状星云

向四周弥散

错过了它的前世美丽

可是

可以跨越时空

在宇宙深处

至今还可以看到它消散的轨迹

依旧那么光彩夺目

最终

宇宙也会归于缘分

努力做事

古人和我们最大的区别在于科学知识的积累，而我们和古人最大的差距在于对世界的深度感悟。在唾手可得的科学知识体系下，在缺少深度思考的情况下，人和内心的距离越拉越远。

作为一个勤于思考的人，去感知宇宙之浩瀚，人生之璀璨，我自然不会相信我的内心和情感只是神经单元的一些电信号，必定有其独立存在的成分。

世界纷繁复杂，人类以盲人摸象的方法探索世界，从各个角度提出了解世界运行的思路。老子求道，墨子主张兼爱，庄子深入自然，荀子以政为德，黄老无为而治，两宋理学，王守仁剑走偏锋，以心学扬名。

可以看出，古人建立各自的哲学体系，就是从复杂的体系中，梳理自己哲学体系要强调的内容，或仁，或义，或礼，或智，或信，或法，或自然，或内心，或梦，或生，或死，或多因素结合。基本上前人已经把人类的情感和社会运行规律所需的基本内容探讨了个遍，多少年来很难再出所谓的有创新的哲学体系大家。

要想创新，也就是要开创新时代的哲学体系，顺势而为，思考当今人类面临的特色问题，比如机器思维、互联网思维、城市思维、人类的孤独、技术的丑恶等等，可能会孕育出新时代的思想家。

我在思考，人类思想是否已经站在金字塔的顶端？可是为何我的思绪永远接触不到宇宙之尽头？

人类毕竟不只是一堆原子的集合体，不只是靠科学规律铸造的基因载体。人类之所以伟大在于创建了自己的文明，形成了几乎独立于自然基因之外的另外一种文明基因模式。从这点来看，人类确实比其他动物伟大，因为他们开创了属于自己的精神天地，部分地跳出三界。

生命最初始于大海，然后通过拓展，来到了陆地，并最终在中生代长出翅膀，形成了海陆空的三维生态。人类最初出现在陆地，通过大航海进入海洋时代。不远的将来，人类会大规模飞向太空，这其实就是一种扩散模式，不可逆转。

在这个过程中，人类迷惑的地方在于，传统思维与新思维的碰撞，一边信仰传统的宗教和思维，保持用心去思考世界；一方面享受科学盛果，用新规律研究世界运行。这种扭捏的状态已经持续了至少上千年，并在21世纪达到一个新高峰。

我们不是神仙，可以整日让元神出窍；我们也不是忙碌的蚂蚁，只是忙碌做事，看不清背后真正的目的。

我们自己何去何从？

在这个转折时代，最佳的方案可能还是保持心行合一，尽量调和上述两种思维模式的冲突。

人生运算符

与人打交道，难以平静。

与事打交道，难以清静。

我们不是隐士，每日必深处人与事之间，因此，求得心清静最难得。

夜晚，坐在海边听浪涛阵阵，看繁星点点，心反而融入自然之中。所以，每到海边，我都会与友人欣赏夜空。心静不是躲避声音，而是心境与之和谐。

人生有运算符，需掌握。

加法不是不停地索取，而是以额外欣喜对待之。与人交往，不能强求。不给予帮助是自然，给予帮助则是人生额外的收获，认识到这一点心自然会平衡。你为什么不理解我？你为什么不帮助我？这些都是造成心神不宁的原因。

减法不是躺平，而是知所不为。年轻的时候执着所为，慢慢地会懂得所不为才是真正的成熟。

乘法是在同样的经历下，多一个维度去看世界，拓展面积。生活是

由多种因素调控，每种因素变化，都会导致人生南辕北辙。

除法是减少预期。所得与预期的比值在某种程度上决定了幸福感。预期越低，越会惊喜。

懂了人生运算符，做事的时候，就可以跳出圈子，从更高的维度去看做事的动机，压制烦琐事务的困扰。

理想生活

有同事羡慕地对我说："刘老师，您的生活及生活状态，就是我想要的理想生活。"

这让我激动不已。

我的生活是理想生活吗？理想生活是什么？

我们不妨按照柏拉图《理想国》的思路，去定义一下理想状态下的生活。所谓理想国，当然只存于书面，至少在柏拉图时代无法实现。理想状态下的国度，或者城邦，是和谐的。城邦分为领导者、保卫者和资料生产者。这是一个各个阶层分工协作的美好画面，只有工种的不同，没有幸福度的差别。

其实，这种分工协作，在生物界并不稀奇。大自然中的各物种都是其所属生态链上的一分子，或者是生产者，或者是消费者，或者是分解者，形成一个能量闭环，生生不息地运转下去，直到外部环境打破这种平衡，形成新的体系为止。或者在外部环境缓慢推动下，生物进化适应环境，逐步建立新的生态体系。在动物界，比如蚂蚁、蜜蜂等群体社会，也会存在种群的王、士兵和劳动者。按照自然分配的工种，维持整个社会体系运转。

柏拉图能够在两千年前，认识到这种分工合作的本质与好处，确实值得致敬。协调的分工合作，被定义为一种正确的道理，或者是正义的正确表达形式。

对于个人，理想状态，应该也是一种协调的状态，各种情绪各司其职，分工协作，不过分偏激，不过于追求感官刺激，不陷入对物质追求的漩涡。保持对自然的敬重，保持对他人的善良，保持人性的基本守则。

理想状态的人和社会，自然应该生活着一群理想的人，过着理想的生活。

我猜想，这样的生活，首先是没有不同阶层带来的压力，实现了压力自由。工作交接，分工协作，总会有一些压力。但是，这种压力或随着专业的熟练度增加而消失。就像天然地震一样，随时释放能量，并不会积累产生很大的破坏性地震。生活压力，也可以通过和谐工作，或者朋友分担，而化解于无形。

其次，必须要实现思想自由，这是幸福感来源的重要渠道。对世间万物的认识，需要五彩斑斓的思维模型，丰富而不偏激。如果有人觉得世界尽头处是瀑布，也没什么不好。只要不强加于人，自己快乐地想象在世界尽头游泳，不亦乐乎！

此外，还需要财富自由。物质是生活的基础，精神是生活的升华。我们距离大同社会还有很长一段距离。但是，我想，即便是共产主义社会，也不会像自由贸易市场一样，物质丰富到随用随拿，不用花钱。

作为科学家，还需要科研想法自由。站在较高的思维模式上，带领团队，指挥倜傥，羽扇纶巾，快哉乐哉！

这样罗列下来，需要的自由越多，距离所谓的理想生活也会越来越远。我们被别人羡慕的理想生活，只不过是别人羡慕的阶段性追求而已。

生活是真实的，其理想度和我们加入的自由度成正比。

不过公平地讲，我确实觉得自己的生活还不错，向着我们认可的理想生活，努力，再努力！

心怀大志

中国自古就是一个大国，在东亚广袤的土地上，几千年文明屹立不倒。其民族凝聚力在所有文明中，首屈一指。

在过去几千年中，中华民族依靠这片神奇的土地，辛勤劳作，创造了天人合一、以人为本的文明体系，代表着先进的文明发展方向。到1820年，中国的GDP占世界1/3，位居世界第一。

1840年，英国向中国发动第一次鸦片战争，西方列强使得中华民族陷入深渊，中国的综合实力急剧下滑，人民处于水深火热之中。戊戌变法、孙中山先生领导了辛亥革命等等，都想把旧中国引出困境，但没完全成功。关键时刻，1921年，中国共产党成立，为中国发展指出了正确的方向。

1949年，中华人民共和国成立，至今仅70余年的历史。但是，中国再一次成为世界瞩目的中心，中华民族真正地再一次崛起，势不可挡。

我们不禁要问，是什么魔力让中国共产党带领中国人民实现了民族的伟大复兴？

事实胜于雄辩。当今中国的成功证明了我党执政方向的历史正确性。

中华民族自古就有强大的凝聚力。合则兴，分则衰。在近代历史危急时刻，我党再一次使得中华民族有了强大的凝聚力，彻底地推翻三座大山。

中国是一个历史悠久的大国，无论从地域还是人口，都不容许中国走全面依靠外来资助而发展的路。我党带领全国各族人民自力更生，艰苦奋斗，建立起中国自己的工业、农业、国防、科教等体系，这是中国成功的底蕴。

中华民族是一个具有强大融合力的民族。在西方文明强势时期，我们能够低头沉思，虚心学习，师夷长技，使得古老的中华文明再次焕发生机。

我党建立百年，路途并不平坦，前行之路布满荆棘。在很多历史关头，前无古人，后无来者。我党以大无畏的精神，实现了长征之壮举。长征只是我党发展的一个缩影，之后，再无任何困难可以阻挡我党的前行之路。

大国发展需要胸怀。

一带一路，世界命运共同体，碳中和的承诺，保护全球化的文明成果等等，这一系列组合拳，在新时代再一次彰显我党的集体智慧。中国成为了全世界的经济发动机。

世界文明何去何从？

　　中国共产党领导下的中华民族，以合则兴的态度，向全世界展示了正确的发展之路。中国共产党的领导模式，为世界文明发展做出了表率。

　　我们正参与这个伟大时代，在大学中，努力学习，完善自己的知识体系，做有用的人，做不愧于时代的新人！

致谢

作为一名理工科教授，积极思考高等教育，也是天时地利人和相结合的结果。

所谓天时，我们刚好处在一个高等教育改革的年代，新型研究型大学走入人们的视野。

所谓地利，我很幸运成为南方科技大学的一名教授，身处其中，感受其巨大的变化。

所谓人和，除了自己本身的工作性质之外，高教领域的专家学者引领是最重要的推动力。我在此特别感谢南方科技大学高等教育研究中心的沈红教授，通过参与高教中心的活动，申请高教中心项目，引发了我对高等教育的思考。随后，与马近远教授和刘绪教授的深入交流，与朱柯锦博士、马冬梅博士等的探讨，铺平了我前往高教花园，窥探高教之美的路径，激发了向新领域迈进的决心与乐趣。读惯了理工科文献，再去适应文科学者的文献，理工学者和文科学者的思维碰撞交流，竟然在泾渭分明的交界处，打通了思维惯性。

撰写此书，也得益于与南科大附中师生的深入交流，认识到高中与大学之间贯通教育的重要性。及早了解大学，可以有效地为高中生指引方向。

我还要特别感谢支持我写作并对文字进行深度润色的朋友们，他们是靳春胜、姜兆霞、刘萍、刘艺聘、叶云、吴蕾蕾。

最后感谢资助此书的项目，分别是南科大未来教育中心项目"高中与大学贯通教育研究"、南科大高等教育研究中心"南方科技大学PI制研究"，以及南科大教学工作部特别资助。